LO GRUPAL
COMO INTERVENCIÓN CRÍTICA

La publicación *Lo Grupal*
en la Argentina (1983-1993)

Aperturas, 6

Gabriela Cardaci

LO GRUPAL
COMO INTERVENCIÓN CRÍTICA

La publicación *Lo Grupal*
en la Argentina (1983-1993)

EDICIONES

Edita: © EPBCN — Espacio Psicoanalítico de Barcelona
Balmes, 32, 2º 1ª
08007 Barcelona
93 454 89 78
info@epbcn.com
http://www.epbcn.com

1ª edición: Enero de 2016
Copyright © Gabriela Cardaci
De la presente edición: © Espacio Psicoanalítico de Barcelona, 2015
Maquetación: Josep Maria Blasco y Carles Fabregat
Portada: Fabián Ortiz, Carles Fabregat y Josep Maria Blasco
Diseño de la colección: Josep Maria Blasco y Carles Fabregat
Depósito legal: B-1632-2016
ISBN: 978-1519413673

ÍNDICE

Es un poco así: hay líneas de aire a los lados de tu
cabeza, de tu mirada,

zonas de detención de tus ojos, tu olfato, tu gusto,

es decir que andás con tu límite por fuera

y más allá de ese límite no podés llegar cuando creés
que has aprehendido plenamente cualquier cosa, la
cosa lo mismo que un iceberg tiene un pedacito por
fuera y te lo muestra, y el resto enorme está más allá
de tu límite...

Julio Cortázar (1963)

Horizonte es lo que se aleja de cualquier intento de
captura cuanto más nos acercamos lingüística y
extralingüísticamente a él.

Y como la idea de horizonte es paradojal, sólo
podemos ensancharlo al acercarnos.

Juan Carlos De Brasi (2001)

INTRODUCCIÓN
LO GRUPAL EN LA ARGENTINA

Preguntas disparadas hacia un lector que fabula, que desea y fabrica sus propios modos de desciframiento, de provocación a que cualquier cierre sea un imposible. Porque toda respuesta cierta, entraña la muerte del asombro y la curiosidad.

Prólogo. *Lo Grupal 6* (1988)

La presente tesis[1] analiza una serie de aportes presentes en la publicación *Lo Grupal*, editada en diez volúmenes entre 1983 y 1993. Como parte significativa de la llamada "tradición grupalista" en la Argentina, esta publicación es una referencia del pensamiento y la investigación sobre la problemática de lo grupal en la Argentina en un período particular de la historia reciente: la primera década posterior a la última dictadura. Por el modo en que se posicionó en el campo disciplinar *psi*, en su relación con la situación socio-política, forma parte de la producción crítica cultural de nuestro pasado reciente.[2]

---

[1]Este trabajo es una versión reelaborada de la Tesis de Maestría presentada en la Facultad de Filosofía y Letras de la Universidad de Buenos Aires, en el marco de la Maestría en Estudios Interdisciplinarios de la Subjetividad, en diciembre de 2014 y defendida en agosto de 2015.

[2]El período dictatorial, autodenominado Proceso de Reorganización Nacional (1976-1983), que se abre con el golpe de Estado de 1976 por parte de las Fuerzas Armadas y que

Los volúmenes de *Lo Grupal*, editados en su totalidad por Ediciones Búsqueda, tuvieron su mayor
circulación fuera del ámbito académico, en espacios alternativos como escuelas de psicología social,
de psicodrama y también de psicoanálisis.[3] La pro-

---

contó con el apoyo de sectores civiles —políticos, empresa-
riales, eclesiásticos y de medios de comunicación—, ha sido
caracterizado como el más cruel y violento de la historia
argentina del siglo XX. La dictadura cívico-militar implicó la eliminación del estado de derecho, la instalación del
terrorismo de estado —que concibió y ejecutó un plan sis-
temático de exterminio— y el comienzo de un proceso de
reconversión económica, social y cultural (AA.VV., 2005).
Respecto de la dimensión cultural, Oscar Terán (2008) ha
señalado que la cultura en general, y la intelectual en particular —considerada como sustento de la "subversión"—,
estuvo entre los objetivos principales del régimen dictatorial
(pp. 299-300). En ese marco hay que situar que los directo-
res de la publicación *Lo Grupal* y varios de los colaboradores
más significativos, como muchos otros intelectuales y artistas, vivieron esos años en el exilio político. Juan Carlos De
Brasi se exilió en México. Eduardo Pavlovsky y Hernán Kesselman estuvieron exiliados en España. Armando Bauleo y
Marie Langer se exiliaron en México en el año 1974. Bauleo
volvió a la Argentina en marzo de 1976 y a los seis meses via-
jó nuevamente a México y posteriormente a Europa; estuvo
primero en Madrid y luego en Italia. Gregorio Baremblitt y
Osvaldo Saidón se exiliaron en Brasil.

[3]Juan Carlos De Brasi estima que se imprimieron un
total aproximado de 40000 ejemplares, considerando los diez
volúmenes y las reediciones de varios de ellos. Comunicación
personal (marzo de 2014).

ducción heterogénea de artículos que reúnen puede
inscribirse a grandes rasgos en una reflexión y un
pensamiento que, desde un sector del psicoanálisis
vinculado al pensamiento de las izquierdas en la
Argentina, se conectaba con la problemática social,
grupal e institucional. Esta implantación otorga al
análisis de sus aportes una relevancia particular que
no ha sido investigada hasta el momento. Nos interesa recuperar entonces los modos en que este
sector del campo del psicoanálisis ensayaba en esos
años un pensamiento que interrogaba las circunstancias de las propias prácticas sociales así como
los límites y alcances de los modelos teóricos heredados, que se planteaba urgencias y problemas
a la altura de ese tiempo y que incorporaba para
ello lecturas y referencias de la literatura, la filosofía y las ciencias sociales junto a perspectivas del
psicoanálisis.

El proyecto de la publicación, conformado a partir de la iniciativa de Eduardo Pavlovsky en su
vuelta del exilio, se sostuvo con la elaboración, com-
pilación y dirección de Pavlovsky y Juan Carlos
De Brasi. Entre los autores de mayor participación
en estos volúmenes se encuentran también Hernán
Kesselman, Gregorio Baremblitt, Armando Bauleo,
Marcelo Percia, Osvaldo Saidón, Ana María Fernández y Ana María del Cueto. Con participacio-
nes más esporádicas se incluyen artículos de Marie

Langer, René Lourau, Angel Fiasché, David Szyniak, Luis Herrera, Miguel Moccio, Juan Campos
Avilar, Alejandro Scherzer, Carolina Pavlovsky y
Reneé Smolovich, entre otros. Se incluyen también
dos artículos de años previos de Luis Frydlewsky
en coautoría con Pavlovsky y Kesselman.[4]

Conviene situar algunas coordenadas de los comienzos, en los años 50, de una "tradición grupalista" en nuestro país. Esta tradición formó parte, en
términos generales, del proceso de modernización
cultural que en esos años conectaba psicoanálisis,
psiquiatría social y psicología con el marxismo y las
ciencias sociales; se vinculó, en particular, con las
derivaciones del movimiento internacional de salud
mental en el ámbito local, con los inicios de la psicología como disciplina académica y profesional, con
la expansión del psicoanálisis desde las instituciones oficiales hacia sectores amplios de la cultura.

En la coyuntura de los 80 posteriores a la dictadura, el proyecto nucleado alrededor de *Lo Grupal*
retoma los antecedentes más significativos de esa
tradición. Principalmente el horizonte de una psicología social transformadora abierto por las enseñanzas de Enrique Pichon-Rivière; el proyecto de
renovación de la psicología encarado por José Ble-

---

[4]Luis Frydlewsky, que había compartido elaboraciones
sobre multiplicación dramática y coordinación de grupos con
Pavlovsky y Kesselman, falleció en 1981.

ger, que había sido maestro, en los años 60, de algunos autores de esta publicación como Hernán Kesselman y Armando Bauleo y los movimientos de ruptura con la Asociación Psicoanalítica Argentina (APA) de comienzos de los años 70, Documento y Plataforma. La iniciativa de *Lo Grupal* se sitúa entonces en continuidad con lo que esas experiencias habían autorizado y habilitado para las posteriores generaciones de psicólogos: las derivaciones del psicoanálisis argentino hacia los ámbitos públicos, una renovación del rol social del psicólogo en sus proyecciones hacia prácticas sociales orientadas a la comunidad, una disposición hacia apropiaciones del psicoanálisis en diálogo con el marxismo, la filosofía y otras ciencias sociales. Hay que destacar que Eduardo Pavlovasky y Juan Carlos De Brasi, compiladores de la colección, y algunos de sus colaboradores más significativos como Baremblitt, Bauleo y Kesselman habían formado parte de aquellos movimientos de crítica que derivaron en la ruptura con la institución "oficial" del psicoanálisis y se encuentran entre los autores de los dos volúmenes compilados por Marie Langer con el nombre de *Cuestionamos* (1971, 1973).[5] Esas rupturas,

---

[5]Entre los autores que participaron de los volúmenes *Cuestionamos* se encuentran también Emiliano Galende, Juan Carlos Volnovich, Santiago Dubcovsky, Julio Marotta, Diego Garía Reinoso, Gilberta Royer de García Reinoso y

protagonizadas por psicoanalistas, psicólogos, psi-
quiatras y psicodramatistas, se caracterizaron por
el cuestionamiento a un estilo de formación verti-
calista, a un modelo institucional totalitario y elitista, por la denuncia frente a una institución que
se arrogaba la propiedad del psicoanálisis. Contri-
buyeron de ese modo a un fenómeno de expansión
del psicoanálisis que irrumpía —en sintonía con los
objetivos de transformación social— en el ámbito
público renovado en sus temas y urgencias: la práctica del psicoanálisis aparecía como posible *acción
transformadora* de acuerdo a esos objetivos y la la
figura misma del psicoanalista se fundía con la del
intelectual insertado en el ámbito cultural y político.

Ahora bien, la relación que se establece con
esos antecedentes en las producciones de *Lo Grupal* constituye, como se verá a lo largo de la tesis,
uno de los aspectos más fecundos para un análisis
crítico de sus aportes. Por un lado salta a la vista,
desde el prólogo del primer volumen, que la significación de esas experiencias de rupturas, desvíos
y disidencias de los psicoanalistas de izquierda es
exaltada —sobre todo en una dimensión de filiación
y en la recuperación de los tópicos más generales—.
Pero lo más destacable es que ese rescate, efectuado
en la coyuntura socio-política y disciplinar de los

Fernando Ulloa.

80, fomenta al mismo tiempo una serie de revisiones y desplazamientos que señalan algunos límites en aquellos planteos e inspira un despliegue de formulaciones renovadas por otros problemas y por nuevas recepciones.

En el prólogo que inaugura *Lo Grupal 1*, Pavlovsky inscribe la iniciativa de la publicación en continuidad con aquel psicoanálisis comprometido con el movimiento social de transformación de los 60 y comienzos de los 70. Una continuidad herida, evidentemente, por lo acontecido en los años de la dictadura y por el exilio. Pavlovsky expresa allí el deseo de reanudar el diálogo con los jóvenes, la voluntad de retomar en la Argentina una reflexión desde una posición que, desde el psicoanálisis, y una vez planteado que lo que llamamos *inconsciente* se trama en lo social-histórico, se interrogue por su relación con la problemática del poder (Pavlovsky, 1983a, pp. 6-9).[6]

---

[6]Con respecto al exilio de los argentinos en España, habría que situar un antecedente de la iniciativa de la publicación *Lo Grupal* en la revista *Clínica y Análisis Grupal*. Editada en España a partir de 1976, dirigida por Alejandro Ávila Espada, con Nicolás Caparrós en el Consejo Editorial y vinculada al grupo Quipú, tuvo entre sus colaboradores a algunos de los argentinos exiliados como Eduardo Pavlovsky, Hernán Kesselman, Diego García Reinoso, Armando Bauleo, Antonio Caparrós, Fernando Ulloa, Pacho O'Donnel y Edgardo Gili. Nicolás Caparrós (2010) destaca, en una bre-

La hipótesis general que orientó el comienzo de la investigación para la realización de esta tesis postuló que *el pensamiento de lo grupal* en la Argentina, como fue trabajado en el marco de producción de *Lo Grupal* (1983-1993), aportó al campo del psicoanálisis en nuestro país un abordaje original en relación con el estudio de la problemática de la subjetividad y su relación con la cuestión grupal, tanto en el plano conceptual como en el de los modos de pensar las prácticas. Una proposición que condensa bien la originalidad de sus aportes se encuentra en el giro, enunciado por Juan Carlos De Brasi en el prólogo de *Lo Grupal 3* (1986), desde el estudio de los grupos y sus conceptualizaciones históricas típicas hacia el abordaje de *lo grupal* y de las condiciones histórico-sociales de producción de subjetividad. Partiendo de esa hipótesis, el objetivo central de la tesis fue reconstruir, a través del análisis de un conjunto de producciones consideradas las más significativas, de qué modos la noción de *lo grupal*, propuesta en el contexto de la publicación,

---

ve presentación de la historia de esa revista, la "inestimable e imprescindible colaboración de los argentinos" durante los dos primeros años de la revista, entre 1976 y 1978. Puede conjeturarse que esa valiosa participación de los argentinos en la revista española estuvo impulsada por las experiencias desarrolladas en la Argentina en los años previos a la dictadura.

habría implicado una intervención conceptual que puso en cuestión aspectos centrales de los enfoques psicológicos y psicoanalíticos que, desde los años 50 en adelante, se habían ocupado del grupo como objeto de estudio y de intervención.[7]

Aspectos metodológicos

La tesis se sostiene en un abordaje histórico-crítico de los aportes de esta corriente intelectual del psicoanálisis en nuestro país. Se parte de considerar a la historia de la psicología y del psicoanálisis como un campo de investigación que forma parte de

---

[7]La escritura de esta tesis tomó impulso y encontró favorecidas las condiciones para su realización en el marco del trabajo en dos equipos de docencia e investigación en la Facultad de Psicología de la Universidad de Buenos Aires. Por un lado, el espacio de la cátedra 2 de Teoría y Técnica de Grupos promovió y alentó el interés por explorar y recuperar críticamente las principales coordenadas de la corriente intelectual que dio lugar, como proyecto colectivo, a la publicación *Lo Grupal*; un territorio de pensamiento poco atendido hasta el momento en los estudios académicos. Por otro, el espacio de trabajo de la cátedra 1 de Historia de la Psicología aportó a esta tesis una serie de referencias bibliográficas y metodológicas que posibilitaron inscribir el análisis de este movimiento en el campo de los estudios históricos de la psicología en la Argentina.

un campo más amplio de las historias disciplinares. La psicología se presenta, para un abordaje histórico como el propuesto, como un objeto complejo que está conformado por diversas disciplinas de conocimiento e investigación, por un conjunto de prácticas y usos de los saberes que a su vez impactan en su constitución, por una organización profesional, y por discursos que poseen una implantación amplia en la cultura (Vezzetti, 2007). El desarrollo de la tesis encontró una orientación, para la realización de los objetivos propuestos, en criterios y enfoques que han permitido indagar la producción histórica del conocimiento psicológico interrogando los aspectos sociales y culturales de esa producción. Entre ellos se destaca el aporte realizado por Kurt Danziger (1990/2007) sobre la estructura social de la investigación psicológica, a través de su propuesta de análisis de las articulaciones entre "intereses intelectuales", prácticas de investigación y producción del conocimiento psicológico. El planteo de Danziger contribuyó a iluminar y atender una serie de aspectos en la indagación de *Lo Grupal,* entre los que se destacan: los ámbitos institucionales y profesionales en los que se desplegaron sus intervenciones, las tradiciones de pensamiento que sus autores retomaron, el desplazamiento que realizaron, a través de *lo grupal,* respecto de un objeto de conocimiento (el grupo) ya constituido en el campo de las disci-

plinas *psi* (psicología, psicoanálisis y psiquiatría) y
el tipo de prácticas que suponían esos desarrollos.

Por otra parte, respecto del surgimiento de ese
objeto de conocimiento y de intervención que es
"el grupo", un estudio histórico de Nikolas Rose
(1990/2004) aportó a esta tesis una perspectiva de
singular importancia para analizar la relevancia de
la noción de *lo grupal* como intervención crítica en
la problemática de la subjetividad. El análisis de
Rose sobre los dispositivos *psi* en el mundo contemporáneo, inspirado en las líneas de investigación abiertas por Foucault sobre la genealogía del
sujeto occidental, las "tecnologías del yo" y la "gu-
bernamentalidad", mostró cómo la experiencia de
la segunda guerra mundial significó la emergencia
del grupo como objeto privilegiado de una "tecnología de la subjetividad". Y, en ese marco, reveló
la tensión que anida en la tradición de la "psicología social" desde esas prácticas inaugurales. Por
una parte, su investigación puso de relieve la conformación —especialmente en Estados Unidos— de
la psiquiatría social como "ciencia de la adminis-
tración", a través del desarrollo de procedimientos
cuantificables orientados a la medición de "actitudes" y "desempeños". Pero su trabajo evidenció, al
mismo tiempo, que la participación de la psiquiatría inglesa en la segunda guerra favoreció el desarrollo de otras formas de abordaje para la disciplina

psiquiátrica en su relación con la psicología social
y con el psicoanálisis.[8] Destacó, en ese sentido, la
orientación hacia el estudio de los vínculos inter-
subjetivos, el desarrollo de una concepción de cura
ligada a las ideas de comunidad terapéutica y de
"espíritu de grupo" y un cambio significativo en las
concepciones de patología y de normalidad: el foco
de lo patológico se desplazaba de la inadaptación
individual hacia las condiciones "anormales" de la
sociedad. El planteo de Rose, junto a otros estudios
históricos sobre el surgimiento de la higiene mental
y el movimiento de salud mental a nivel internacional (Grob, 1983/2013) aportó herramientas, en el
marco de esta tesis, para dar mayor relieve a la dimensión crítica que la noción de "lo grupal" dirigía
a otras concepciones de grupo, a las "técnicas de
grupo" como tecnologías de intervención vinculadas a formas de poder y de saber experto con fines
de normalización y a la figura misma del experto como actor social. Hay que aclarar que si bien
el análisis de Rose se aplica fundamentalmente al
movimiento de salud mental de postguerra en los
países centrales, tiene relevancia para el propósito

---

[8]Rose (1990/2004) se refirió en particular a las experiencias realizadas por W. R. Bion, John Rickman, Tom Main
y Maxwell Jones, en el Hospital Militar de Northfield, para la rehabilitación de soldados y prisioneros de guerra que
padecían síntomas psiconeuróticos (p. 18).

de esta tesis en la medida en que consideramos las derivaciones que ese movimiento tuvo a nivel internacional, y en particular en la Argentina, a fines de los años 50.

El enfoque de *historia intelectual* de la psicología elaborado por Hugo Vezzetti (1996b, 2007) a partir de distintas perspectivas historiográficas (Foucault, Canguilhem, Bourdieu, Caparrós) aportó una herramienta metodológica de relevancia para el desarrollo de los objetivos propuestos en esta tesis. Este modo de investigación, que no conforma un modelo homogéneo sino que habilita límites difusos entre la historia de los conceptos y las teorías, la historia institucional de grupos y campos intelectuales o la historia cultural, social y política, se orienta a iluminar los modos en que el pasado actúa sobre el presente (Vezzetti, 2007, p. 13). En esta dirección, una pista ineludible ha sido el modo en que Martin Jay (1993/2003) pensó, con Walter Benjamin, el abordaje del pasado:

> *el pasado no es algo que está 'allí' para ser descubierto, ni algo que está 'aquí' para ser inventado. Sin embargo, la negociación entre ambas posiciones es más que la armoniosa 'fusión de horizontes' (...) Tal negociación exige, en cambio, que estemos dispuestos a interve-*

*nir, tanto destructiva como constructi-
vamente, para hacer saltar en mil peda-
zos el saber recibido y para reconfigurar
de maneras novedosas los escombros re-
sultantes* (pp. 13-14).

El autor, que se reconoce formado originalmen-
te en la disciplina de "historia intelectual", da una
orientación que resultó de importancia para la construcción de una posición de lectura durante la investigación realizada. Partiendo de la condición múl-
tiple y compleja de la recepción de ideas, de las
lecturas y apropiaciones que caracterizan cualquier
producción cultural, incluidas las que prevalecen en
el tiempo en que vive el investigador, Jay concluye
que: "Antes que situarse como el observador distan-
te de un campo cultural o discursivo, el estudioso
de la historia intelectual debe pues conceptualizar
su propio punto de vista ventajoso como un campo
en juego" (pp. 15-16).

Una historia intelectual busca "explorar una *trama* de procesos y acontecimientos, múltiples, heterogéneos, siempre parciales" (Vezzetti, 2007, p. 12);
promueve una posición de investigación que apun-
te a señalar los "olvidos" en las versiones oficiales
de la historia y a explorar, en definitiva, "una dimensión latente y no reconocida" del pensamiento

de una disciplina (p. 2). Esta orientación de investigación contribuyó en esta tesis en varias direcciones. En primer lugar, en la formulación de las
preguntas históricas que orientaron la exploración
de la significación y alcances de los aportes del movimiento que dio lugar a *Lo Grupal* como proyecto
colectivo. En segundo lugar, en la reconstrucción,
a partir de la exploración del corpus de *Lo Grupal*,
de los problemas centrales a los que se articuló, en
los años de post-dictadura, esa corriente de pensamiento. A partir de una perspectiva que se plantea
que las preguntas históricas necesariamente requie-
ren desplazarse de las fuentes científicas hacia el
campo intelectual, institucional o político (p. 12),
este enfoque favoreció el análisis de las vinculaciones entre un conjunto de nociones presentadas en el
marco de producción de la publicación —y en particular la noción de *lo grupal*—, las circunstancias
políticas e históricas de sus protagonistas y el entramado político-social, cultural y disciplinar en el
que esa producción encontró sus condiciones de posibilidad y adquirió sus características singulares.
En ese marco, estudios sobre historia reciente desde perspectivas del ensayo, la crítica y la filosofía
(Casullo, 1997, 2007; Kaufman, 1997, 2012abc; Kaminsky, 1990a) permitieron establecer conexiones
entre las condiciones socio-culturales del período
de post-dictadura y el lugar central que adquirió,

en *Lo Grupal*, el problema del poder y la violencia
simbólica en los espacios de convivencia social: las
instituciones y los grupos.

Por último, la categoría de *recepción* del enfoque de historia intelectual, que supone interrogar
la relación entre la constitución de los objetos y de
los conceptos de un campo disciplinar —en este caso de la psicología y del psicoanálisis— y las formas
de recepción cultural, fue de utilidad para reconstruir las operaciones de lectura que prevalecieron
en *Lo Grupal*. Atender los problemas de la recepción implica analizar los usos de una obra a partir
de una idea central: "la lectura no es la incorporación pasiva del texto sino que siempre supone una
apropiación que lo transforma" (Vezzetti, 2007, p.
14). En el caso de *Lo Grupal*, la categoría de recepción dio un marco de lectura para mostrar la
centralidad que adquirió la recuperación de referencias del psicoanálisis argentino vinculado a las
izquierdas de las décadas previas y cómo esa relectura se acopló a lecturas de un conjunto de obras
y conceptos del ámbito francés para desplegar una
revisión de la concepción de lo político en relación
con el campo de la clínica.

El propósito de la tesis se sintetiza entonces, en
términos generales, en una reconstrucción histórica
y análisis crítico de la experiencia de esta corriente intelectual del psicoanálisis en nuestro país. Un

movimiento cultural, político y clínico que tomó aliento, en los primeros años de post-dictadura, en el rescate de un horizonte de antecedentes del movimiento político intelectual de los años 60 y comienzos de los 70. Este propósito conlleva un manifiesto interés ético, en la medida en que se orienta, a través del análisis de *Lo Grupal,* hacia una crítica del mundo social, de las instituciones y de sus relaciones con formas de poder extendidas en el cuerpo social hasta el presente.

La tesis se enfocó en las siguientes fuentes primarias: 1) los prólogos de los diez volúmenes que integran la colección; 2) un conjunto de artículos de la publicación *Lo Grupal*, considerados los más significativos para desarrollar los núcleos temáticos vinculados a la hipótesis, a los problemas y a los objetivos propuestos en el inicio de la investigación; 3) artículos y libros escritos por los autores de *Lo Grupal*, publicados en años posteriores a la publicación y considerados de relevancia para esta investigación y 4) entrevistas y conversaciones realizadas con algunos de sus autores.

El contenido de los capítulos puede sintetizarse del siguiente modo: El primer capítulo se enfoca en destacar de qué modo la noción de *lo grupal*, en el marco de producción de este proyecto editorial, condensó una renovación de las conceptualizaciones típicas y de los modelos de abordaje más

extendidos sobre grupos en el ámbito local. Se desa-
rrollan los aspectos principales que permiten situar
el pensamiento de *lo grupal* como una intervención
crítica de relevancia en el campo disciplinar, en su
relación con el ámbito sociopolítico y cultural. Esa
crítica postulaba un giro desde el estudio de los
grupos como objeto de las psicologías, sociologías y
perspectivas del psicoanálisis hacia el abordaje de
lo grupal y de las condiciones histórico-sociales de
producción de subjetividad. Se sitúa el pensamiento de Juan Carlos De Brasi como referencia principal en el desarrollo de las cuestiones conceptuales
más relevantes que esa renovación implicaba.

El segundo capítulo se centra en el análisis de
las características principales que adquirió, en *Lo
Grupal*, la recuperación de una reflexión privilegiada del campo intelectual de las dos décadas previas:
la relación entre la práctica profesional, la dimensión intelectual y la política. Se analizan los rasgos
que adquirió esa operación de recepción, caracte-
rizada por la producción de un horizonte de antecedentes provenientes de la tradición del psicoanálisis argentino vinculada al pensamiento de las
izquierdas de las décadas previas (Pichon-Rivière,
Bleger, los grupos Plataforma y Documento) y por
la recepción de obras y herramientas conceptuales
del ámbito francés (Castel, Bourdieu, Castoriadis,
Foucault).

El tercer capítulo muestra el lugar central que adquirió en *Lo Grupal* la reflexión sobre el problema de la violencia y el autoritarismo en el análisis de producción de subjetividad. La referencia a *lo grupal* estuvo en el centro de esas preocupaciones en la medida en que, a través del desplazamiento en el lenguaje que ella producía, se apuntaba a diseñar, en el terreno de las prácticas sociales, modos de trabajo que pudieran atender las formas condensadas e imperceptibles de violencia simbólica.

CAPÍTULO 1

DE LAS GRUPOLOGÍAS
A *LO GRUPAL*

Lo en juego de lo en común. *Pensar esto, sin tregua,*
eso es la "filosofía" —o lo que de ella queda en su fin,
si ella queda en común—, eso es política, es arte, o lo
que queda de él, es andar por la calle, es pasar las
fronteras, es fiesta y duelo, es estar en la brecha, o en
un compartimento de tren, es saber cómo el capital
capitaliza lo común y disuelve el en, es preguntar
siempre lo que quiere decir "revolución", lo que quiere
vivir revolución, es resistencia, es existencia.

Jean-Luc Nancy (1986/2001)

1.1 *"Lo grupal* no son los grupos"

Una serie de cuestiones en esta publicación fueron desplegadas desde la expresión misma que le dio nombre: la idea de *lo grupal*. Esta referencia introdujo la apertura de interrogantes que se orientaron a problematizar aspectos específicos de los modelos teóricos más extendidos para el abordaje de los grupos. Así, *lo grupal* no fue, en ese contexto de producción, la alusión al adjetivo que nombra lo relativo a los grupos, sino la afirmación de un problema que requería ser pensado. Indicó la necesidad de producir un desplazamiento respecto de la idea del "grupo" como objeto de las teorías psicológicas,

psicoanalíticas y sociológicas.[1] Esto fue subrayado
por algunos de sus autores en los últimos años. Dos
referencias de especial importancia en este sentido
son: Primero, la idea de que *lo grupal* había im-

---

[1] Los primeros trabajos sobre psicoanálisis y grupos en
la Argentina, en los años 50, se componen de referencias diversas. Pueden situarse dos líneas principales de trabajo, a
su vez conectadas entre sí. Una es la que se abre con la Asociación Argentina de Psicología y Psicoterapia de Grupos
(AAPPG) fundada con el apoyo de la APA en 1954, por Juan
José Morgan, Jorge Mom, Raúl Usandivaras y que tuvo entre sus miembros a Emilio Rodrigué, Marie Langer y León
Grimberg entre otros. Morgan fue además el primer profesor
titular de la asignatura *Dinámica de Grupos* de la Facultad
de Psicología de la UBA. En el ámbito de la AAPPG predo-
minó un esquema de aplicación de la psicoterapia individual
al grupo. Su principal referencia teórica fue el psicoanálisis
inglés de matriz kleiniana. No sólo los desarrollos de Melanie
Klein sino también las experiencias de grupos realizadas por
W. R. Bion. Hay que recordar que Emilio Rodrigué había
observado el trabajo del psicoanalista inglés en Londres en
1949. Unos años después, en 1957, publica junto con Marie
Langer y León Grimberg *Psicoterapia del grupo*. La otra línea es la inaugurada por Enrique Pichon-Rivière que, si bien
se desprende también de la APA, altera el esquema kleiniano
predominante en esa institución al incorporar herramientas
conceptuales de las ciencias sociales. Entre sus principales
referencias hay que situar a Melanie Klein con los tópicos
de las fantasías, ansiedades y defensas, pero también a Kurt
Lewin, Jean Paul Sartre, Henry Ezriel, George Mead y Gas-
ton Bachelard (Percia, 2005, pp. 210-211; Dagfal, 2009, pp.
159, 267 y ss.).

plicado un desplazamiento desde las concepciones típicas sobre los grupos hacia la apertura de la interrogación por las condiciones histórico-sociales de producción de subjetividad (De Brasi, 1997, 2007). Segundo, que ese pasaje había servido como "contraseña política", en el marco de producción de la publicación con ese nombre, en los años de postdictadura (Percia, 2014, p. 373).

En *Lo Grupal*, esa intervención crítica, que postulaba un giro desde el estudio de los grupos hacia el abordaje de *lo grupal* y de las condiciones histórico-sociales de *producción de subjetividad*, significó el inicio de una renovación de la problemática grupal en la Argentina; una apertura centrada en el desplazamiento desde los enfoques basados en el grupo como objeto hacia una concepción de "*lo grupal* como condición estructurante de lo social-histórico" (De Brasi, 1987b, p. 44). Se señalaba de ese modo la necesidad de inscribir la problemática grupal en la tradición de una psicología social transformadora vinculada a la tradición crítica del marxismo (Adorno, Horkheimer, Reich, Sartre, Lefebvre, Deleuze y Guattari, entre otros).

Para De Brasi (2001, 2007) la afirmación "lo grupal no son los grupos" había permitido señalar una serie de problemas presentes en los modos cristalizados de abordar la problemática de la grupalidad y producir un movimiento respecto de las conceptualizaciones históricas típicas para pensar los grupos: conflicto, cohesión, interacción y comunicación, liderazgo, interjuego de roles, resistencia al cambio, transferencia, ilusión y fantasía grupal, supuestos y ansiedades básicas. Según el autor se buscaba "expandir e inscribir la problemática [grupal] en el ámbito sociopolítico y cultural", "desterritorializarla de los dominios profesionales y de expertos, en las cuales se habían movido las conceptualizaciones sobre los grupos desde los años cincuenta en adelante" y "arrancar, en *lo grupal*, a los grupos de su evidencia empírica, abstracta y desocializadora" (De Brasi, 2007, p. 111).

Hay que subrayar de entrada lo que se presta a un equívoco: no se trataba, con la noción de *lo grupal*, de ofrecer un nuevo marco teórico o esquema conceptual determinado que reemplazara a los existentes ni una nueva "técnica grupal". Se apuntaba, con esa referencia, a problematizar los enfoques grupales más difundidos (grupo operativo, dinámica de grupos, grupo de diagnóstico, grupo de reflexión, psicodrama psicoanalítico, training group). En el centro de esas críticas —más allá de la heterogeneidad de enfoques a los que se dirigía— encontramos la insistencia en la consideración de la dimensión socio-histórica en el abordaje de la problemática grupal. De ahí la idea de producir un *giro* desde "los grupos" hacia *lo grupal y las condiciones históricas de producción de subjetividad.*

Conviene especificar en qué sentido afirmamos que la noción de *lo grupal* expresó una *intervención crítica.* Entendemos *crítica* en el sentido que este término ha adquirido especialmente a partir de las investigaciones desarrolladas por los autores de la "Escuela de Frankfurt" (Adorno, Horkheimer, Bettelheim, Marcuse, etc.) y de sus continuadores como Habermas. De Brasi retomó, en el marco de sus elaboraciones sobre la problemática de *lo grupal*, aspectos centrales de la *Teoría Crítica.*[2] Fundamentalmente, un modo de entender una *actitud crítica* en el pensamiento. Horkheimer (1968/2003) pensó el "comportamiento crítico", característica esencial de la teoría dialéctica de la sociedad, como una actitud de sospecha frente a lo que se presenta como dado en las condiciones existentes. La teoría crítica cuestiona la separación entre individuo y sociedad, "en virtud de la cual el individuo acepta como naturales los límites prefijados a su actividad" (p. 240).

> *Las categorías de mejor, útil, adecuado, productivo, valioso, tal como se las*

---

[2] Véase De Brasi, 1988, pp. 100 y ss., donde el autor hace explícita la afinidad con las investigaciones de la Escuela de Frankfurt y específicamente con la *Teoría Crítica.*

entiende en este sistema, son, para tal comportamiento, sospechosas en sí mismas y de ningún modo constituyen supuestos extracientíficos con los cuales él nada tenga que hacer. Por regla general, el individuo acepta naturalmente, como preestablecidas, las destinaciones básicas de su existencia, esforzándose por darles cumplimiento (...) en cambio, el comportamiento crítico a que nos referíamos, de ninguna manera acata esas orientaciones que la vida social, tal y como ella se desenvuelve, pone en manos de cada uno (Horkheimer, 1968/2003, p. 240).

Sostenemos entonces que *lo grupal* significó una *intervención crítica* en la problemática de la subjetividad y la grupalidad, en el sentido de que los planteos en los que esta noción intervino para problematizar modos cristalizados en el abordaje de los grupos, tuvieron gran afinidad con el marco de ideas de la *teoría crítica*.

Entre los planteos principales que se retomaron de esa corriente de pensamiento, y se elaboraron en relación con el tratamiento de la problemática grupal, hay que situar dos cuestiones interconectadas y referidas al problema del dualismo: Primero, la consideración de que la separación sujeto/objeto, presupuesto de la abstracción e instrumento de la Ilustración, se funda en una relación de dominación, es decir, en "la distancia frente a la cosa que el dominador mantiene por medio del dominado" (Adorno y Horkheimer, 1981/2007, p. 29). Segundo, la crítica a una posición del pensamiento teórico en la cual la génesis de los fenómenos que se estudian, así como la aplicación práctica de los conceptos con que esos fenómenos se captan y, en consecuencia, también su propia posición en la praxis, son considerados como exteriores. Como indicó Horkheimer (1968/2003), esa posición de "extrañamiento", que preserva al investigador de contradicciones y le otorga un marco fijo a su actividad, se expresa en el lenguaje filosófico como separación entre valor e investigación, conocimiento y acción, así como en otros pares de oposiciones (p. 241).

En *Lo Grupal*, la crítica hacia los enfoques mencionados puede sintetizarse en dos aspectos centrales —que retomaban elaboraciones de la *teoría crítica*—, y que apuntaban a señalar una posición *desocializadora*: por un lado, la naturalización del grupo como objeto empírico; por otro lado, la concepción del grupo como objeto teórico formal abstracto y la idea de aplicación de una técnica vinculada a ella. Con respecto a lo primero, se trataba de advertir, en los enfoques basados en el pequeño grupo centrado en sí mismo, por una parte, una confusión entre la conformación de un grupo y un agrupamiento o conjunto de personas reunidas para una tarea específica; una distinción que, además, ya había sido ampliamente desarrollada por Sartre. Por otra parte, se planteaba que esa confusión implicaba una indeseable reducción de la complejidad de fenómenos —institucionales y sociohistóricos— que transversalizan un grupo.

La crítica hacia esas formas de reducción de la complejidad —que De Brasi llamó "grupismo"— alcanzaba no sólo a los discursos que, amparados en una "neutralidad científica", evitaban considerar la dimensión política en la tarea clínica. Se dirigía sobre todo a aquellos planteos que, aunque no dejaran de mencionar lo social, lo político, lo histórico o lo cultural como dimensiones en juego en los grupos, abordaban esas dimensiones como algo ya constituido. Es posible reconocer dicha concepción, por ejemplo, en afirmaciones que no dejaban de explicitar que el grupo "está atravesado por lo histórico social" o en las que planteaban una orientación del trabajo en grupo basada en la idea de "tomar conciencia" o "ampliar el conocimiento" sobre las condiciones económicas, sociales, culturales que obstaculizan una tarea.[3] Ahora bien, desde

---

[3]Por mencionar uno de los enfoques más difundidos, este tipo de afirmaciones se encuentran, por ejemplo, en los desarrollos de Fernando Ulloa (1977) sobre el "grupo de re-

la perspectiva que introducía *lo grupal*, lo social-histórico no es algo que esté ahí ya constituido, para ser conocido, para tomar conciencia de él, sino algo que *se produce* en el espacio social donde se actúa. Con respecto al segundo aspecto de la crítica: el problema de la "aplicación", se trataba de señalar y problematizar la violencia simbólica presente en las concepciones de grupo como técnica o instrumento.[4]

Considerar la dimensión histórico-social en los procesos de producción de subjetividad incluía atender la historicidad de los conceptos y de las prácticas. De Brasi (1988) hacía notar en este sentido que los grupos y las instituciones tienden a considerarse como existiendo naturalmente y que por ello era "necesaria una tarea crítica que discrimine y señale a ambos fenómenos como producciones histórica y subjetivamente acotadas, lo cual incluye a los mismos aparatos críticos usados en cada momento" (p. 100).

---

flexión", pensado como una modalidad de grupo operativo y presentado explícitamente por el autor como una técnica o un instrumento para el abordaje y el diagnóstico (pp. 63-66).

[4]En estos cuestionamientos se manifiesta la cercanía del pensamiento de De Brasi con los planteos que Sartre realizara en su *Crítica de la razón dialéctica* (1960/2011) sobre los grupos como mediaciones y sobre la distinción entre grupo y colectivo. *Cf.* Sartre (1960/2011, pp. 41-79 y 431 y ss.).

La idea de *producción de subjetividades* que De Brasi refería a la problemática de *lo grupal* —separándose de ese modo tanto de categorías empíricas como de categorías abstractas— retomaba entonces líneas críticas del pensamiento marxista. Henri Lefebvre (1968/1980) pensó el concepto de *lo cotidiano* a partir de una interpretación del término *producción* en las obras de juventud de Marx. Dicha interpretación rechazaba, por un lado, el "filosofismo", es decir, la reducción del pensamiento de Marx al materialismo dialéctico como sistema filosófico. Por otro lado, rechazaba también el "economicismo", es decir, la reducción de la herencia marxista a una teoría de economía política (p. 43). Para Lefebvre, el término *producción* adquiere un sentido amplio y doble; no se reduce a la fabricación de productos, sino que incluye también la producción del "ser humano" mismo y de sus relaciones sociales, así como la *reproducción* de los mismos.

> *El término designa, por una parte, la creación de obras (incluidos el tiempo y el espacio sociales), es decir, la producción "espiritual", y, por otra parte, la producción material, la fabricación de cosas. Designa también la producción por sí mismo del "ser humano" en el curso del desarrollo histórico. Lo que implica la producción de relacio-*

nes sociales. *En fin, tomado en toda su amplitud, el término abarca la re*producción. *No sólo hay reproducción biológica (que compete a la demografía), sino también reproducción material de las herramientas necesarias para la producción, instrumentos y técnicas, y, además, reproducción de las relaciones sociales* (Lefebvre, 1968/1980, pp. 43-44).[5]

El mantenimiento de las relaciones sociales en una sociedad no se produce por inercia; la *reproducción* se da en un movimiento complejo.

¿Dónde sucede este movimiento, esta producción *cuyo concepto se desdobla, o más bien, se desmultiplica, de tal forma que comprende la acción sobre las cosas y la acción sobre los seres humanos, la dominación sobre la naturaleza y la apropiación de la naturaleza de y por "el ser humano", la* praxis *y la* poiesis*?* (Lefebvre, 1968/1989, p. 44).

Para Lefebvre, la afirmación fundamental o su postulado teórico es que este movimiento no se produce en las altas esferas de la sociedad: el Estado, la

---

[5]El destacado es del original.

ciencia o la cultura, sino que es en la *vida cotidiana* donde ese movimiento se realiza (p. 44).

En *Lo Grupal*, De Brasi (1987b) indicaba que mientras una concepción empírica se plantea la pregunta por la definición de grupo ("¿qué es un grupo?"), el pasaje hacia *lo grupal* implicaba una pregunta más adecuada a la *complejidad* en juego: "¿cómo algo se pone en marcha?". Piensa lo grupal como espacio *productivo-deseante*. En esa dirección el autor precisó, como parte de la necesidad de una *tarea crítica*, qué implicaba distinguir *lo grupal* de los grupos empíricos, concretos: "no puede confundirse (aunque hasta ahora se lo ha hecho sin reparos) *lo grupal* con los grupos concretos y lo que allí pueda experimentarse. Pasa *por* ellos, sin agotarse *en* los mismos" (De Brasi, 1988, p. 100).

> *Lo grupal habla claramente de las diversas formas en que las subjetividades son conformadas, de los grupos donde circulan y se vehiculizan, sin quedar apresadas ni reducidas a tales formaciones grupales. Golpean en ellas, pero las trascienden hacia ramificaciones complejas e infinitas con las instituciones, las combinaciones sociopolíticas, los sembradíos comunitarios* (De Brasi, 1990, p. 14).

El espacio de producción de *Lo Grupal* se planteaba como un lugar de despliegue de una problemática inaugural, "un tránsito histórico, estético-político y epistémico hacia otros devenires de pensamiento y acción" (De Brasi, 2007, p. 126): se trataba de inaugurar una "clínica de la grupalidad" que abriera dimensiones que no habían sido pensadas en las producciones que anteriormente se habían ocupado de los grupos:

> *el despliegue del horizonte epistémico de la complejidad, la multiplicidad, la implicación, los procesos de diseminación, las interferencias grupales, los matices en la enunciación, los regímenes de afección (...), la salida —no el rechazo— del campo representacional y del universo de la transparencia, el desborde de las operaciones técnicas, los devenires del cuerpo, la inclusión instrumental de otros saberes, el diseño micropolítico* (De Brasi, 2007, pp. 129-130).

En *Lo Grupal*, esta propuesta de renovación se encuentra enunciada por Juan Carlos De Brasi (1986) en el prólogo de *Lo Grupal 3*, cuando se refiere a *lo grupal* como un campo de investigación y análisis inaugural en torno de la producción de subjetividades.[6] De Brasi (2007) se refiere también a *grupalidad* en proximidad con la idea de *lo grupal*. En primer lugar ambas expresiones producían un desplazamiento respecto de "los grupos" como objeto de estudio; luego, la idea de grupalidad implicaba evitar la reducción de la expresión *lo grupal* a una mera adjetivación (como la que se dice en expresiones tales como "tarea grupal", "fantasía grupal", "ilusión grupal") (pp. 128-129). Se lee en ese prólogo:

> *Lo grupal habla de algo que espera ser marcado por una lectura posible, pero también de una secuencia —es el tercer volumen— que establece cuestiones para ser pensadas. Lo grupal dice, a un oído atento, sobre conjunciones, disyunciones, atravesamientos; evoca multiplicidad de formas y repertorios, que arman esas fluidas —a veces efímeras— "positividades" llamadas grupos* (De Brasi, 1986, p. 3).[7]

---

[6] De Brasi ya había enunciado este pasaje en *La propuesta grupal*, editado por Folios en México en 1983.

[7]La producción de Juan Carlos De Brasi es la que contribuyó más significativamente a esta renovación de las ideas sobre la problemática de la subjetividad y la grupalidad. Incluso su enseñanza sobre psicoanálisis y materialismo histórico y su trabajo de escritura parece haber operado en cierta

medida como faro para el núcleo de autores más significativo de *Lo Grupal* (Pavlovsky, Kesselman, Bauleo, Percia,
Fernández). Son muchas las notas en diversos artículos de
la publicación que hacen referencia a sus textos, sus ideas
y también a conversaciones personales con él. Juan Carlos
De Brasi es filósofo graduado en la Universidad de Buenos
Aires y doctorado en la Universidad de París con una tesis
inédita —que puede encontrarse en la Biblioteca de la FFyL
de la UBA— sobre la obra de arte en Heidegger. En los años
60 escribió artículos de crítica en el diario *El Mundo*, y en
revistas como *Los Libros*, *Artiempo* y *Confirmado*; participó
del comité editorial de la revista *Malos Aires* en 1969. Desde
los años 70 se ha dedicado a la investigación y la práctica
del psicoanálisis desde una posición crítica frente a todo re-
duccionismo de "escuela". Participó de los movimientos de
ruptura con la APA desde el Grupo Documento y contribuyó, junto a Gilberto Simoes, Julio Marotta y Santiago
Dubcovsky, a la creación del Centro de Docencia e Investigación (CDI) de los trabajadores en Salud Mental en 1973.
Sobre el lugar de Juan Carlos De Brasi en el CDI, puede
consultarse también Carpintero y Vainer (2005, p. 68). En
los años cercanos a la conformación del grupo que participó
en *Cuestionamos*, la formación de muchos psicoanalistas alrededor del marxismo y el psicoanálisis se realizó en grupos
de estudio, reunidos por fuera tanto de la universidad como de la Asociación Psicoanalítica Argentina, que dictaron
Juan Carlos De Brasi, Raúl Sciarreta y León Rozitchner.
De Brasi ha realizado, desde esos años, un amplio trabajo
de docencia e investigación en la Argentina y en el exterior
—especialmente en México durante el exilio en los años de
la última dictadura y en España en los años 90— en torno
de psicoanálisis y marxismo, epistemología y ciencias sociales, que continúa hasta el presente. Uno de los propósitos

Por su parte, en el prólogo de *Lo Grupal 2,* Pavlovsky (1985a) escribe que la convocatoria a los distintos colaboradores se sostenía en una afinidad común. Una afinidad que no estaba en una teoría ni en una técnica para trabajar en grupos, sino en una sensibilidad frente al problema de lo colectivo: pensar *lo grupal* en sus atravesamientos con lo histórico social (p. 8). Consideramos, sin embargo, que la idea de "atravesamiento", no llega a situar adecuadamente la complejidad que la referencia a *lo grupal* intentó pensar; tiende al mismo equívoco que la idea de "contexto" del grupo. Enfatizar el atravesamiento entre el grupo y lo histórico social supone que podría existir algo previo o algo sin ese encuentro; reproduce, de ese modo, el dualismo de la separación interior/exterior. El desplazamiento desde la idea del grupo hacia *lo grupal* como un campo de investigación y análisis de producción de subjetividades se dirigía en primer lugar a una crítica de los dualismos vigentes en el abordaje de los

principales que guían la presente investigación es contribuir a situar la posición destacada —y poco atendida hasta el momento— de la obra y la enseñanza de Juan Carlos De Brasi en el campo intelectual argentino contemporáneo. Las coordenadas principales de su aporte pueden sintetizarse en una apuesta sostenida de pensamiento sobre los encuentros posibles —un "sostenido y eficaz desencuentro" en términos del autor— (De Brasi, 1991, p. 70) entre psicoanálisis y materialismo histórico.

grupos, comenzando por la separación entre subjetividad y objetividad. Pero también la que sostiene
un *interior* en contraposición a un *exterior* o *afuera*
social. Se trataba de desnaturalizar la idea misma
de grupo y toda la serie de dualismos vinculada
a ella (interior/exterior, adentro/afuera, subjetivi-
dad/objetividad, propio/ajeno, individuo/sociedad).
De Brasi (2007) señaló que las ideas de *lo grupal* y
de *grupalidad* trataban de desplazarse incluso de la
distinción que establece Guattari (1972/1976) entre grupos sujeto y grupos sometidos en *Psicoanálisis y transversalidad*. Desde su perspectiva esa
dualidad no lograba todavía salir de la concepción
en la que se sostienen las diversas "grupologías":
la captura en la relación sujeto-objeto (De Brasi,
2007, p.119).[8]

La noción de *lo grupal* se presentaba como un
modo posible de evitar cualquier versión sustancial
del sujeto o la subjetividad para pensar al hombre,
a los grupos y las instituciones. Se trataba de una
ficción conceptual para pensar subjetividad como
producción en una trama social-histórica determinada. El horizonte de preguntas que esta referencia

---

[8] *Cf.* La "Crítica del Dualismo" que abre el ensayo *Subjetividad, grupalidad e identificaciones. Apuntes metagrupales*
(De Brasi, 1990a) y su reedición, con ampliaciones y correc-
ciones, *La problemática de la subjetividad. Un ensayo, una
conversación* (De Brasi, 2007).

indicaba no se dirigía "a *el hombre, su esencia* o *naturaleza,* sino a la definición de un sujeto concreto, concebido como 'el conjunto de sus relaciones sociales, grupales, familiares e institucionales'" (De Brasi, 1988, p. 120).[9]

La distinción entre los grupos (y las grupologías) y *lo grupal* ponía en cuestión uno de los aspectos más problemáticos —y tal vez más arraigados en el sentido común psicológico hasta la actualidad— de los modelos de trabajo en grupo desde los años 50. Se trata de los enfoques que, al considerar el concepto de grupo como unidad y como totalidad, tendieron a orientar la interpretación en la búsqueda de representaciones unificadas ("el grupo siente..." "el grupo piensa...", etc.). El grupo queda equiparado con una especie de individuo amplificado. *Lo grupal* señalaba una dimensión de *exterioridad* que desbarataba esa reducción del grupo a una individualidad y, en la misma dirección, la idea de grupo como fenómeno "intermediario" entre individuo y sociedad.

En relación con este problema, y retomando la crítica a la lógica de "aplicación" que introducía la noción de *lo grupal*, conviene recordar una de las referencias inaugurales de la tradición del psicoanálisis de grupo en la Argentina: el enfoque desarro-

---

[9] El destacado es del original.

llado por Rodrigué, Langer y Grinberg. Los autores
de *Psicoterapia del grupo* (1957) hacían hincapié en
la "aplicación" del psicoanálisis al grupo pensado
como "unidad social" y como "totalidad gestálti-
ca" integrada por elementos. En esa perspectiva,
la concepción del grupo como una totalidad era un
pilar de la función interpretativa del terapeuta; la
totalidad del grupo era considerado como "un solo yo dividido en 'yos' parciales, puesto que cada
integrante actúa en función de los demás" (p. 50).
Los autores sostenían que "los problemas expresa-
dos por cualquier integrante contienen, en forma
latente o manifiesta, los del resto de los participan-
tes", en consecuencia, cuando el grupo progresaba,
incluso los silenciosos se beneficiaban (Langer *et
al.*, 1957, p. 72). Lo que se interpretaba, la "fantasía inconsciente", expresaba "la vida interior del
grupo".[10]

---

[10] Al respecto cabe recordar que J.-B. Pontalis (1968) ya
había señalado, a propósito de las psicoterapias de grupo, la
noción misma de grupo como un problema. Observaba que
lo que se comprobaba como *efectos de grupo* estaba apoyado
por la concepción del grupo como individualidad. Pontalis
hacía notar la insistencia de los psicoterapeutas de grupo
"en llamar siempre sobre el grupo la atención de los parti-
cipantes; el grupo como unidad, toma tal decisión, aborda
tal tema, sufre tal fracaso. Se halla todo él implícito, ínte-
gramente, en todo lo que sucede" (p. 224). Desde su perspectiva, el problema de estas concepciones es el postulado

La noción de singularidad vinculada a *lo grupal* sirvió para conmover ese esquema tan instalado en los modelos grupales de adaptar el tratamiento de la problemática grupal a la idea de individuo. Si el individuo remite a una identidad, una singularidad remite al movimiento y a la transformación, una singularidad *se produce*. De Brasi escribió en ese sentido que un grupo "puede referirse como un proceso desencadenado por los cruces y anudamientos deseantes entre miembros singulares" (De Brasi 1987b, p. 45). Y agregaba:

> *Singulares*, no *individuales. Mientras el individuo marca el acabamiento del self como noción doctrinaria y, por lo tanto, "irrealidad concreta",* una *singularidad existe sólo a partir de sus conexiones, vecindades y relaciones. No es* significable *ni pasible de ser absorbida en el plano categorial. Una singularidad es real cuando se practica y realiza como tal* (p. 45).

La noción de *singularidad* ligada a lo grupal, lo *singularmente* colectivo, permitía un desplazamiento desde referencias totalizadoras como individuo,

que las sostiene: el grupo es encarado como una existencia absoluta, centrado en sí mismo y no en su dependencia del universo social (p. 222).

grupo o sociedad hacia una concepción que ponía en juego la multiplicidad de formas (conocidas tanto como desconocidas) y la imposibilidad de clausura en una representación.

> *No podemos ignorar que los hombres nacen divididos, fragmentados, que su unidad en el yo, el grupo o la sociedad son, como los términos de referencia, un logro mítico, una ilusión —necesaria— totalizadora. Al contrario sostenemos que esa imposibilidad de clausura, es la única garantía de existencia y persistencia del hombre mismo (...) Y que lo social-histórico no es un afuera ni una extensión o posterioridad temporal de una sustancia subjetiva, sino aquello con lo que está tramado el mismo inconsciente* (De Brasi 1990, pp. 19-20).

Lo neutro de la expresión *lo grupal* sugería una doble imposibilidad: la de definir lo que un grupo *es* como la de sostener, en cualquiera de sus versiones, algún *ser* de grupo.[11] Así, *lo grupal* ponía

---

[11]La distinción entre los grupos y lo grupal fue retomada por Marcelo Percia (2014) en un trabajo reciente, "Lo grupal, políticas de lo neutro". Allí el autor aproxima la idea de "lo grupal" a la noción de *lo neutro* presente en el pensamiento francés de autores como Bataille, Blanchot,

en cuestión no sólo la concepción de grupo como una individualidad (unidad, totalidad) cerrada en sí misma sino también la idea de individuo, indiviso, propio, idéntico a sí mismo. Escribe de Brasi: "Somos un acontecer grupal diseminado en nosotros mismos, como lenguaje y gesto, como signatura socio-histórica y singularidad inconsciente, como destino e invención del azar" (De Brasi 2001, p. 8).

1.2 *Lo grupal* como invención

La referencia a la *invención* adquiría, en proximidad con la idea de *lo grupal*, un lugar privilegiado. *Invención* remite en estas producciones a dos sentidos conectados entre sí. Por un lado se dirigía a la necesidad de revisión crítica de los modelos de abordaje empleados y su relación con la situación de las prácticas asistenciales en los espacios públicos (Percia y Herrera, 1987; Fernández, 1989). Pero

Barthes, Derrida y Deleuze. Escribe: "En la proposición *lo grupal no son los grupos*, lo neutro transforma la negación en enunciado infinito (no son los grupos ni las instituciones, ni las comunidades, ni las multitudes ni los conjuntos). No importa lo que *es* sino lo que acontece (en los grupos, las instituciones, las comunidades, las multitudes, los conjuntos) de modo inesperado" (p. 376). Y también: "Interesa lo grupal como acontecimiento posible. (...) Lo grupal, así invocado, sólo puede narrarse como potencia ya acontecida, como existencia nunca imaginada antes de estar viviéndose" (p. 388).

la idea de invención era también uno de los sentidos que adquiría la noción misma de *lo grupal*, pensada como espacio de producción colectiva. Este segundo sentido retoma tópicos centrales de la tradición de los "grupos operativos" de Pichon-Rivière: las ideas de *invención*, *descubrimiento* y *aprendizaje*, vinculadas a la de *transformación social*.

Recordemos brevemente que la experiencia coordinada por Enrique Pichon-Rivière en la Universidad de Rosario en 1958, realizada con la colaboración de un equipo de trabajo —entre los que se encontraban Bleger, Liberman, Ulloa y Rolla—, se conoce como la fundación inaugural de la práctica de *grupos operativos*. Se convocó para esa jornada a centenares de personas (estudiantes, profesores universitarios, obreros, maestras, empleados, artistas, deportistas y otras personas de la ciudad). Inspirada en técnicas de "laboratorio social" de Kurt Lewin, fue pensada como una experiencia de trabajo en la comunidad que, a través de una "didáctica interdisciplinaria", buscaba favorecer el aprendizaje y la comunicación a través del "proceso grupal", entendido como pasaje de *público* a *grupo*. En sintonía con un clima de época habitado por la voluntad progresista y modernizadora de cambio hacia una nueva sociedad, esta "dinámica de trabajo" fue pensada por sus realizadores como una oportunidad de *transformación social*. Lo singular de la experiencia puede situarse en el modo en que combinaba una forma de trabajo colectivo cercana a la modalidad de la asamblea participativa con un uso *democrático* del psicoanálisis alejado de la ortodoxia de la institución oficial.[12]

Un pasaje del prólogo de *Lo Grupal 5* condensa muy bien los dos sentidos del término *invención* mencionados más arriba: revisión crítica de los modelos vigentes y *lo grupal* como producción

---

[12] *Cf.* Pichon-Rivière, 1971/1980b. Hugo Vezzetti (1998b) pensó esa experiencia como el despliegue de una "utopía democrática" en la medida en que "el *proceso grupal* se presentaba como el paradigma de una práctica capaz de formar un *tejido de roles y vínculos* que idealmente se extendía interminablemente en la sociedad" (párr. 2). Marcelo Percia (2011) pensó la *Experiencia Rosario* en proximidad con las corrientes estéticas que se expandieron en esos años. Escribe que Pichon se proponía realizar "el ideal de una *acción microsocial curativa*"; un ideal sostenido en la creencia en "el pensamiento colectivo como lógica superadora del capitalismo", en la potencia de transformación social de "una comunicación plural, creativa, solidaria", en una concepción del aprendizaje como "*dramática vincular* que soporta las contradicciones y las trabaja". Percia leyó esta experiencia como una acción estética que, en el estar con otros, se proponía *cambiar la vida*: oportunidad de "revuelta contra los estereotipos que, a la vez que protegen, clausuran caminos" (pp. 269-270). (El destacado es mío). Más adelante se retoma el enfoque de grupos operativos a propósito de la lectura crítica que De Brasi (1987ab) realizó en *Lo Grupal. Infra*, p. 40 y ss.

colectiva. Primero, se señala (hacia el interior de la tradición grupalista) el riesgo de la repetición de modelos teóricos sin problematización. Segundo, se marca, desde el proyecto de esta publicación, una posición y una intención: el pensamiento de *lo grupal* pretendía "rescatar" la potencia de las prácticas grupales, es decir, la capacidad productiva y anti dogmática que las acciones colectivas podían realizar, sin evitar la interrogación acerca de sus modos de trabajo. Tercero, y sosteniendo las dos cuestiones anteriores, se enuncia uno de los aspectos más relevantes de este proyecto editorial; el que nos lleva a situarlo en el campo intelectual: el lugar de la práctica de la escritura en el pensamiento sobre *lo grupal*. Se trata, éste, de un rasgo que es necesario enfatizar, por la originalidad que representó en su ámbito. Y es que esa posición crítica encontraba precisamente *en la escritura de la problemática grupal* su impulso y su posibilidad de despliegue. Se lee en ese prólogo:

> *Lo grupal necesita fundar su propia crítica (…) La escritura sobre lo grupal no interesa si reincide en un mito cierto e idéntico a sí mismo, pero importa si* rescata *las prácticas grupales a partir de la interrogación de sus actos. Al fin de cuentas nada está más lejos de lo grupal que los dogmas de grupos y na-*

> *da más cerca de nuestro proyecto que*
> *las rupturas de dogmas que las accio-*
> *nes colectivas pueden provocar* (Percia
> y Herrera 1987, p. 9).[13]

En el prólogo del tercer volumen también se sugiere que había una distancia creciente entre la complejidad de "determinaciones, efectos y significaciones" que convergen en los grupos y los conceptos disponibles para abordarlos. *Lo grupal* se piensa allí como un terreno todavía inexplorado y co-

---

[13]Habría que situar la idea de "ruptura de dogmas" como potencia de lo colectivo, en cercanía con la noción de *estereotipo* y su relación con el problema de la ideología y el sentido común en Pichon-Rivière. A propósito de la experiencia de *grupos operativos* realizada en Rosario, Pichon situaba una orientación de esa modalidad de trabajo en la capacidad que el "proceso grupal" podía tener de movilizar *actitudes estereotipadas*. Estas actitudes —agregaban los autores del escrito— eran "mantenidas en vigencia como guardianes de determinadas ideologías o instituciones" y funcionaban como barreras a "nuevas soluciones" (emergentes) como "descubrimientos" o "invenciones" (Pichon-Rivière *et al.*, 1971/1980b, p. 115). En diálogo con estas ideas, Percia (2011) volvió sobre la *Experiencia Rosario* en *Inconformidad*. Repensó allí la idea de *estereotipos* como la presencia de *fantasmas colectivos* que someten la vida; la de *resistencia al cambio* como "vivencias entristecidas por el abandono de ideas conocidas"; la de *ansiedades básicas* como "temerosa inseguridad" provocada por lo extraño (Percia, 2011, p. 269).

mo horizonte de realizaciones posibles: oportunidad
de invención de formas inéditas, descubrimiento de
recorridos de pensamientos aún no pensados (De
Brasi, 1986, p. 10).

Los planteos sobre la urgencia de revisión de
los modos de trabajo en situaciones de grupo co-
bran un sentido particular en relación con la situación de las prácticas asistenciales en los espacios
públicos en los años de post-dictadura. Si los grupos y las instituciones como "objetos" privilegiados
de interés habían estado, desde fines de los años 50
y durante los años 60, en el centro de un proyecto renovador y reformista,[14] esa tradición parecía
ahora haber quedado, en el ámbito público, reduci-
da a un uso utilitario y desvinculada de su potencialidad transformadora (Percia y Herrera, 1987).
Estos autores advertían ciertos "equívocos"[15] extendidos en esos años en los modos de pensar las

---

[14] Se trata de la tradición vinculada principalmente a las
figuras de Pichon-Rivière y de Bleger. El grupo considerado
como objeto intermediario entre el individuo y la sociedad
y como nuevo espacio de intervención en las instituciones
fue uno de los tópicos centrales que, en el marco del clima
modernizador de aquellos años, quedó situado como representación y objeto de prácticas orientadas a la transformación social. Véase por ejemplo Vezzetti (1998b, 2004). Sobre
la expansión del psicoanálisis en el campo intelectual y su
relación con la renovación de las ciencias sociales en los años
60, véase Vezzetti (1998a).

[15]Las comillas son del original.

relaciones entre psicoanálisis y problemática grupal
e institucional. Señalaban que esos equívocos, con
que aludían tanto a las posturas de los especialis-
tas grupalistas como a las de los psicoanalistas —se
podría hablar de un sentido común calificado— re-
dundaban en la pérdida del interés por la investigación acerca de la problemática grupal y su relación
con las prácticas en el ámbito público. Respecto de
las posiciones sostenidas por grupalistas, observa-
ban la reproducción de una lógica heredada de las
primeras tentativas de abordaje del grupo desde
perspectivas del psicoanálisis: la exigencia de legitimar la tarea clínica con grupos desde certezas del
psicoanálisis; tendencia que también fue nombrada
como "de aplicación" (Percia, 1989, pp. 66-67).[16]
Respecto de las segundas posiciones, cuestionaban
el rechazo de la problemática grupal por ser considerada, en nombre de una supuesta pureza del psicoanálisis, como práctica de segunda o como modo
de abordaje inferior.[17] En definitiva, Percia y Herrera sostenían que ambas posiciones eran en cierto sentido equivalentes, y derivaban a su vez en un
equívoco fundamental: reducir lo grupal como espacio potencial de producción colectiva a una técnica

---

[16]Véase también Dagfal (2009, p. 267 y ss.).

[17]Al respecto, en el capítulo 2 se desarrolla este problema a propósito de lo que Percia, Szyniak y Herrera (1986)
situaron como tendencia de los "discursos formalistas".

destinada a cumplir con objetivos de rendimiento y eficacia institucional (la idea de "hacer grupos" para satisfacer determinadas demandas institucionales; entre ellas, la demanda de atención pública con menores recursos) (Percia y Herrera, 1987, p. 14; Fernández, 1988, pp. 133-134).[18] En este sentido afirmaron que no se trataba ni del "rechazo de los grupos" ni del "festejo irreflexivo de lo grupal", sino de indagar, desde una posición crítica, los dispositivos empleados en las prácticas colectivas: "grupo de formación, grupo de psicodrama psicoa-

---

[18]En relación con esta observación conviene recordar lo que Vezzetti (1998b) señalaba a fines de la década del 90 en un texto dedicado a la tradición de los grupos operativos inaugurada por Pichon-Rivière. El autor se refiere allí al "horizonte ambiguo" que envuelve a la tradición grupalista argentina. Esa ambigüedad, que Vezzetti vincula a los usos de los modelos y las prácticas grupales, estaría en la tensión entre la potencialidad que había conectado "el paradigma del grupo operativo con la sensibilidad de cambio hacia una nueva sociedad" en los años 60 y el riesgo de esas prácticas de quedar reintegradas al espacio de un "consumo privado" (párr. 5). En este sentido hay que agregar que el "equívoco" señalado en *Lo Grupal*, así como la ambigüedad situada por Vezzetti en la tradición grupalista argentina, no era una novedad de esos años, sino que había marcado los inicios del trabajo con grupos en el campo del psicoanálisis. En *Psicoterapia del grupo* (1957) Grimberg, Langer y Rodrigué incluían entre las indicaciones de la terapia del grupo, como una obviedad, las "ventajas de orden práctico, de tiempo y de dinero" (p. 73).

nalítico, grupo operativo, grupo terapéutico, grupo
de reflexión, grupo de análisis institucional o taller
comunitario" (Percia, 1989, p. 84). Y esto porque
consideraban que, en las experiencias institucionales, suelen ser "tan inaplicables el psicoanálisis como la clínica grupal ideada en los consultorios privados" (Percia y Herrera, 1987, p. 14).

> *Dar cuenta de un saber no es atenerse
> a las fórmulas preestablecidas que disci-
> plinan un pensamiento. Por el contra-
> rio, es imaginar fundamentos para ac-
> ciones grupales que participen de opcio-
> nes que, en salud, se necesitan inven-
> tar. Lo grupal, así entendido, comien-
> za por ser declaradamente* utópico*: elige
> situarse más allá del horizonte de posi-
> bilidades al que remiten los grupos cono-
> cidos hasta el momento* (Percia, 1989,
> p. 84).

1.3 Lecturas de Pichon-Rivière: Aportes de Juan Carlos De Brasi

La figura de Pichon-Rivière fue recuperada en
Lo Grupal como un referente fundamental de una
"conciencia crítica" en la labor clínica. Sus aportes a una psicología social orientada a la transformación social encontraron en este contexto de pro-

ducción un espacio de recuperación y un despliegue renovado por nuevos problemas y por otras recepciones.

Enrique Pichon-Rivière ocupa un lugar destacado en una trama compleja que, desde los años 40 en la Argentina, se configuró en los cruces entre la psiquiatría, el psicoanálisis, la medicina social, la psicohigiene, la psicología social y en las relaciones de esa trama con las vicisitudes del campo intelectual y político. Su recorrido intelectual condensa de un modo original psicoanálisis, psiquiatría, psicología social, arte y política. Es particularmente conocido —y muchas veces ha sido simplificado— el lugar privilegiado que el abordaje de los grupos tuvo en su proyecto de una psicología social transformadora. Su enseñanza promovió una renovación del campo psicoanalítico al introducir herramientas conceptuales provenientes de las ciencias sociales. Fue uno de los miembros fundadores de la Asociación Psicoanalítica Argentina en 1942. El impacto de su enseñanza en la formación de las primeras generaciones de psicólogos ha sido atribuido, en primer lugar, al hecho de haber habilitado una apropiación del psicoanálisis por fuera de las normas de la APA. Además, la expansión de su enseñanza por fuera del ámbito universitario se vincula, junto a la de otros protagonistas como José Bleger, Antonio Caparrós y León Rozitchner entre los más destaca-

dos, a la situación del campo intelectual argentino
de aquellos años, específicamente la que se abre con
el golpe de estado de 1966 y la desestructuración de
las universidades nacionales. Se configuran, en ese
marco, nuevas modalidades de formación, a través
del despliegue de escuelas y grupos de enseñanza y
trabajo profesional en el ámbito privado y se for-
mulan nuevos problemas ligados a la salud mental,
la psicohigiene, la educación, los distintos desarrollos del psicoanálisis y nuevos "objetos" como la
familia, los grupos y las instituciones.[19]

En *Lo Grupal* De Brasi (1983, 1987ab) desplegó, a propósito del pensamiento de Pichon-Rivière,
las principales dimensiones implicadas en ese "giro" —de grupologías y grupismos a *lo grupal y la
producción de subjetividad*— que había enunciado
en el prólogo de *Lo Grupal 3*.[20] Sus *Elucidaciones sobre el ECRO* muestran las principales críticas
que introducía la cuestión de *lo grupal*: por un lado, la crítica a la concepción empírica del grupo;
por otro, la crítica a la formalización y a la aplicación (el grupo como objeto teórico y como técnica). El autor puso en cuestión, en primer lugar,

---

[19] *Cf.* Vezzetti, 1999-2000, 2002b, 2004; Terán, 2008; Dagfal, 2009.

[20] Principalmente en "Elucidaciones sobre el ECRO, un
análisis desde la clínica ampliada" (1987a) y en "Desarrollos
sobre el Grupo-Formación" (1987b).

la idea extendida de que habría en Pichon-Riviere
la formulación de una teoría y, en el mismo sentido, la que supone en su obra la aplicación de una
técnica. Problematizó también una serie de nociones y de concepciones presentes en los planteos de
Pichon-Rivière, que eran reproducidos sin discusión
entre sus discípulos y seguidores: la idea de *modelo*,
la idea de *esquema*, la referencia a la *unidad grupal*, la noción de *operativo*, la concepción de verdad
que esta última supone. Por otra parte, en relación con el "Grupo-Formación", replanteó la idea
de *aprendizaje-formación*, la de *invención*, el concepto de *tarea*; cuestionó los modelos pedagógico y
terapéutico (y en particular el grupo terapéutico)
como prácticas normalizadoras.

Hay que tener presente que en los años de la
edición de *Lo Grupal*, el grupo operativo pensado
como *modelo* y como *técnica* era el enfoque más uti-
lizado entre los grupalistas. Esto es evidente incluso en una serie de escritos publicados en esta misma publicación (Bauleo, 1983a; Kesselman, 1983;
Kesselman y Campos Avilar, 1988); lo que permite advertir una tensión entre la perspectiva de De
Brasi y la de otros autores. Parece claro en este
sentido que su lectura apuntaba a señalar ciertos
usos reducidos de los aportes de Pichon-Rivière y
a promover, en consecuencia, una reflexión, principalmente en las escuelas de psicología social y de

psicodrama, ámbitos de mayor difusión y circulación de los volúmenes de *Lo Grupal*.[21]

Estos escritos de De Brasi muestran un horizonte (abierto, diseminado, complejo) de lecturas
que nutrían sus reflexiones. Principalmente el pensamiento de Gilles Deleuze y de Félix Guattari, pero también se encuentran referencias a Heidegger,
Derrida, Sartre y Merleau-Ponty entre otros.[22]

---

[21]La apreciación acerca de que el pensamiento de Pichon-
Rivière fue en ocasiones aplicado de un modo demasiado reducido, especialmente por sus discípulos, fue señalada también por Hugo Vezzetti (2002b).

[22] Según De Brasi (2008b) la lectura de Deleuze, Foucault y Derrida en los años 70 había funcionado para algunos argentinos, entre los que menciona también a Sciarreta,
Pavlovsky y Baremblitt, como modo de apertura del "triángulo semi-asfixiante dibujado por el kleinismo, el althusse-
rianismo y el lacanismo". Ubica entre las primeras obras,
que circularon en espacios informales de lectura, *Diferencia
y repetición* y *Lógica del sentido* de Deleuze, la traducción
de Oscar del Barco de *De la Gramatología* de Derrida y
unos años después *El Antiedipo* de Deleuze. Esas lecturas
confluían con otros autores que se seguían leyendo simultáneamente como Freud, Marx, Hegel, Nietzsche, Artaud,
Sartre, Benjamin, Astrada, Bataille, Heidegger, Lacan, Althusser, Winnicott, etc. Lo más interesante es destacar una
intención que según De Brasi orientaba esa amplitud de lecturas: pensar desde esas referencias los distintos quehaceres,
escribir, actuar *con* ellas evitando la clausura en alguna exé-
gesis hegemónica (p. 11).

De Brasi (1987b) sostenía que era necesario "deconstruir desde el interior los múltiples senderos teóricos que se manejan en el abordaje de los grupos" (p. 45). Introducir los aportes de De Brasi en relación con la enseñanza de Pichon-Rivière requiere explicitar primero qué sentido adquiere para el autor la idea de *elucidación,* a la que se refirió en varias oportunidades y que un lector atento puede reconocer en el modo en que trabaja la escritura. *Elucidar* es para De Brasi un modo singular de tarea deconstructiva que lleva implícito una forma de concebir el "hacer" como social e histórico. A propósito del análisis que realiza sobre el Esquema Conceptual Referencial y Operativo (ECRO) de Pichon-Rivière escribe:

> *Elucidar es una labor propositiva, una exploración acerca de... inacabada, sujeta a revisiones y ajustes provisorios, aunque no por eso menos rigurosos (...) Esta es la perspectiva implícita del análisis que emprenderemos. En él se tratará de pensar sobre lo hecho, mientras se buscará conocer con mayor precisión eso que como 'hecho' deberá ser 'deshecho' para entender su irradiada composición* (De Brasi, 1987a, p. 97).[23]

---

[23]La idea de elucidación en De Brasi lleva implícita la de

De Brasi afirma que un *hacer*, cualquiera sea, implica para su realización determinados conjuntos prácticos (afiliaciones, espacios comunitarios, grupales, institucionales). Por eso considerar lo que se ha hecho (pensado, ensayado) como social e histórico supone, como punto de partida, cuestionar la existencia de *la* historia y *la* sociedad. Es esa posición (decisión) en el pensamiento lo que habilita sostener una pregunta abierta sobre los modos en que lo social e histórico

> *se anudan mediante distintas series de acontecimientos, coexistencia de múltiples temporalidades y causalidades, posesiones y desposesiones tajantes, aparatos despóticos centralizados y poderes dispersos, tensiones generalizadas que dividen a clases, estratos y sectores, regímenes organizacionales, institucionales y grupales, entramados inter o intrapersonales, etc. Entonces mencionar lo social es hablar inmediatamente de lo que su historia establece como diferencia* (De Brasi, 1987a, p. 97).

---

crítica y ésta a su vez la de *decisión*. Hay una vecindad entre elucidación y deconstrucción, y se distingue de la forma en que fue trabajada la idea de elucidación por Castoriadis.

Elucidar es para De Brasi "recuperar", pero recuperar de un modo que requiere ciertas precisiones. A propósito de lo que piensa como una arqueología del pensamiento de lo grupal en la Argentina escribe:

> Recuperar *no es retomar conceptos, acciones, teorizaciones o experiencias que han transcurrido en tiempos diferentes y, quizás, respondían a sus demandas. Por el contrario* recuperar *lo que se ha hecho, deshecho, constituido, balbuceado o coherentemente formulado sobre la problemática grupal, será poner en perspectiva a la misma. Hacer coactual lo significativo del pasado para que un futuro distinto —en todas direcciones— sea posible. Pero no se recupera cualquier cosa ni una totalidad acabada, sino los lapsus, olvidos, las grietas y logros que habitan en las propuestas más firmes, en las provocaciones más inquietantes para su época; así como lo que pendula entre lo pensado y lo impensado y apartado por inespecífico de las concepciones grupales* (De Brasi 2001, p. 7).

"Elucidaciones sobre el ECRO"

De Brasi desplegó ese modo de entender el pensamiento como elucidación a propósito del *Esquema Conceptual* propuesto por Pichon-Rivière.[24] Éste se había referido al ECRO en diferentes oportunidades como "enfoque", "modelo", "técnica", "aparato" y en la mayoría de los casos como "instrumento de trabajo" para "pensar una cosa determinada". Hizo explícita la idea de que, como instrumento de trabajo del psicólogo social, no puede ser pensado como algo prefijado de una vez, sino que a través de una "praxis dinámica" debe ser permanentemente evaluado a través de "experiencias concretas" (Pichon-Rivière, *et al.*, 1969, pp. 21-22). En los debates de los años 60 sobre ciencia e ideología, Pichon se inclinaba a situar al ECRO como un "modelo científico" que incluía entre sus elementos

---

[24]Se trata del Esquema Conceptual Referencial Operativo. De Brasi explora el ECRO tomando como referencia dos textos elaborados a partir de clases dictadas por Pichon Rivière: "Esquema Conceptual Referencial y Operativo (ECRO)", una exposición realizada en la APA, durante el período 1956/57 y "Concepto del ECRO", una clase en la Escuela de Psicología Social, publicada en la revista *Temas de psicología social*, N° 1, 1977. Pichon-Rivière desarrolló el ECRO también en otros trabajos que fueron consultados aquí. En especial Pichon-Rivière (1971/1980a); Bleger, Caparrós, Pichon-Rivière y Rozitchner (1969); Zito Lema (1976/1990).

de análisis a la ideología (incluida la del psicólogo), concebida esta última como ideas, creencias, pensamientos (que pueden ser conscientes o inconscientes) y que tienden a obstaculizar las dimensiones de "cambio", es decir, el aprendizaje, el descubrimiento, la invención (Pichon-Rivière, 1971/1980a).

De Brasi (1987a) indicó que no conviene —como se lo ha hecho— considerarlo como "una teoría" ni como "una técnica". Sus elucidaciones intentaron recuperar, en lo que llamó "la metáfora pichoneana" del ECRO, un gesto, una intención, una búsqueda, a la vez que dejar situadas algunas pistas provisorias para una revisión de las herencias problemáticas que el lenguaje del ECRO transporta (p. 111). De Brasi objetaba en ese escrito el uso de la expresión "*tener* un ecro", de circulación frecuente entre los grupalistas en esos años. Una expresión que aludía al hecho de contar con una técnica de aplicación para el trabajo con grupos. El autor observaba que el uso de esa expresión cristalizaba al ECRO como propiedad y lo fijaba en un procedimiento previsto. Partiendo de considerar que la *tarea* se refiere a un movimiento del pensar que transforma y nos transforma efectivamente, señalaba que un *esquema conceptual de referencia* no se tiene previamente ni se aplica, se construye en el *obrar*. Menciona, entre las acciones que conciernen al *Esquema*, el "obrar *en* uno de sus posibles cursos", así como el "probar su vigencia", lo que nos sugiere que para De Brasi el interés del ECRO residía en funcionar como referencia provisoria (De Brasi, 1987a, p. 117).

De Brasi encuentra en el "esquema conceptual" concebido como modelo o instrumento una idea "totalizadora". Observa que si bien Pichon presenta al ECRO por un lado como "conjunto de conocimientos que proporcionan líneas de trabajo e investigación", lo que daría la pista de que se trata de un saber provisorio; a la vez lo considera una "teoría consistente" que lo transforma en una "construcción lógico-instrumental", en un "modelo" (De Brasi, 1987a, p. 104). El esquema conceptual es un "conjunto articulado de conceptos universales que permiten una aproximación adecuada a los objetos particulares" o un "instrumento que por analogía nos permite la comprensión de ciertas realidades. El modelo es el instrumento de aprehensión de la realidad" (Pichon-Rivière 1977, citado en De Brasi, 1987a, p. 104).[25] Esta concepción del esquema conceptual como modelo implica una "disociación instrumental", es decir, una separación entre hechos-vivencias y construcciones conceptuales o intelectuales (De Brasi, 1987a, p. 104).

Pichon-Rivière afirmaba que hay en cada uno de nosotros:

---

[25] *Cf.* Zito Lema, 1976/1990, p. 109.

*un esquema referencial (conjunto de ex-
periencias, conocimientos y afectos con
los que un individuo piensa y actúa) que
adquiere unidad por medio del trabajo grupal, promoviendo simultáneamente en ese grupo o comunidad un esquema referencial y operativo sustentado en
el común denominador de los esquemas
previos (...) Es instrumental y operacional, porque el esquema conceptual,
referencial y operativo, ECRO, así constituido, es aplicable en cualquier sector
de tarea e investigación* (Pichon-Rivière
1971/1980d, p. 151).*

De Brasi (1987a) retoma la idea de lo "referencial" del *Esquema* (que adquiría "unidad" por medio del trabajo grupal) para señalar la diferencia
entre la *referencia* tal como la quiere pensar y "el
referente". Anota: "Cuando un grupo es alucina-
do como 'unidad', 'totalidad', centrado 'en sí', en
ese instante se autodespoja de toda referencia" (p.
115). Piensa la referencia como *pasaje*, *pista*, *seña*,
huella, *indicio* y como tal, ella escapa a toda forma de presencia propia del referente. Así, piensa el
sentido *en* el grupo —no hay sentido *del* grupo—
como movimiento que posibilita un más allá de sí
mismo. "Así el grupo queda *referido* a... nada pre-

ciso (de otro modo supondríamos determinaciones
unívocas), salvo a su propio movimiento de descen-
tramiento" (p. 115). Escribe:

> *una lógica de lo referencial tiende a
> poner de relieve intersticios, grietas,
> elipsis, fallidos, olvidos, silencios, etc.,
> no para restituir la unidad inexisten-
> te de un pensamiento, relato o texto,
> sino para darle forma a un sentido que
> el absurdo y la inconsistencia muestran
> en su estado "puro"* (De Brasi, 1987a,
> p. 115).

La crítica central que De Brasi dirige al lenguaje del ECRO se encuentra desarrollada a propósito
de la noción de *operativo*. El autor señala que esta
noción implica la adopción de un criterio de cientificidad que legitima la empiria en el discurso sobre
lo grupal.[26] Su observación apunta a problematizar la concepción de verdad que, a través de las
nociones de *operativo*, *operacional* u *operatividad*
—provenientes de una tradición empírica— hereda

---

[26]La misma proviene de la teoría operacionalista de
Bridgman, desarrollada en *Lógica de la física moderna*
(1927). Según esta teoría, la posibilidad de definir conceptos está en función de la posibilidad de determinación de las
operaciones que permitirían medirlos (De Brasi, 1987a).

y asume el ECRO (De Brasi, 1987a, p. 109). Pichon-
Rivière había afirmado: "la operatividad represen-
ta lo que en otros esquemas el criterio tradicional
de verdad (adecuación de lo pensado o anunciado
con el objeto)" (Pichon-Rivière, citado en De Brasi,
1987a, p. 107).[27] Observamos en este punto, en relación con la idea de operatividad, una ambigüedad
equivalente a la señalada anteriormente —el ECRO
considerado por Pichon como una teoría consistente y a la vez como un conjunto de conocimientos
que orientan el trabajo y la investigación—. Pichon
escribía en otro lugar:

> *Toda interpretación (...) tiene el carác-*
> *ter de una hipótesis elaborada acerca de*
> *la fantasía grupal. No apunta a la exac-*
> *titud, o mejor dicho no se evalúa con un*
> *criterio tradicional de verdad, sino en*
> *términos de operatividad, en la medida*
> *que permite o favorece la ruptura del es-*
> *tereotipo* (Pichon-Rivière, 1971/1980d,
> p. 153).

Como se lee en este último pasaje, podemos afirmar que Pichon-Rivière manejaba una noción de
verdad que no era la del criterio "tradicional" de
verdad —aunque haya afirmado también lo contra-

---

[27] *Cf.* Zito Lema, 1976/1990, p. 110.

rio—. Como él mismo lo planteó en más de una oportunidad, consideraba que una interpretación era exacta en la medida en que podía promover un *cambio*, o, en otros términos, en la medida en que favorecía la ruptura de un estereotipo o una "modificación creativa o adaptativa" (Zito Lema, 1976/1990, p. 110). Pero el problema está en que para Pichon, sostener esta concepción de verdad aparentemente no requería desprenderse del término "operatividad" —tal vez porque de ese modo la "operación" se mantenía en el terreno de la cientificidad—. Este es, precisamente, el punto problemático que De Brasi quería señalar. Leemos en este sentido que "operativo" es el "nombre de aquello que sucumbe en el criterio de verdad dominante, extraño a las finalidades críticas y movilizadoras (...) de la psicología social alternativa que se busca fundar" (De Brasi, 1987a, pp. 115-116).[28] De Brasi revelaba entonces que, en los desarrollos de

---

[28]En *Ensayo sobre el pensamiento sutil. La cuestión de la causalidad. La causalidad en cuestión*, De Brasi (2013) retoma el término para ponerlo en relación con lo social-histórico. Escribe, a propósito de lo que allí se trabaja como "pensamiento sutil o realizativo", que una *verdad* "no es objeto de verificación ni concordancia formales, sino de una *congruencia operativa* con su producción social-histórica" (p. 20). *Verdad* se lee allí como una dimensión de la complejidad de una *ética en acto de la responsabilidad* (junto a una *estética*, una *política* y una *justicia*) que sostiene y da sentido a *lo realizativo* de un pensamiento.

Pichon-Rivière, el término "operación" es también "verificación"; el criterio de verdad como "adecuación" de las hipótesis a la realidad, del pensamiento a los hechos —objetos— implica concebir que un pensamiento es válido en función de lo que posibilita o no verificar: "Cuando se correlaciona un concepto con sus operaciones, estamos diciendo en otros términos cómo se verifican los mismos en un determinado plano experimental" (p. 110). Lo que De Brasi quería destacar era que, en este aspecto, el término "operativo" se volvía *ahistórico*. La teoría operacional, que *define* conceptos, prescinde del problema de considerar los conceptos y los métodos como producciones históricas. Si la significación de un concepto se reduce a su descripción operativa, la historia de los conceptos, las condiciones de su producción y enunciación, los ámbitos científicos-disciplinares en que tuvieron lugar no tienen ninguna relevancia (De Brasi, 1987a, pp. 109-110).

De Brasi escribía que la verdad como "concordancia" y como "adecuación" introduce obstáculos insuperables para una psicología social que desee pensar la producción de subjetividad en un ámbito social-histórico. En contraposición, delineaba una concepción de verdad como *potencia del fragmento* que abre una transformación y como *resto* que se prende a un deseo antes que como unidad; como *desfasaje* y *asincronía* que se abre en un decir, antes que como concordancia; como curso de una *inadecuación* entre lenguaje y existencia y no como adecuación entre pensamiento y hechos.

> *La verdad se cualifica sólo desde el proceso de transformación que inaugura, es decir, como práctica develadora, como experiencia propiciadora (que nunca está dada, sino debe construirse) de nuevas realidades, donde cualquier sentido unificador es un mito que desmaya ante la potencia creadora del fragmento* (De Brasi 1987a, p. 116).

Puntualizaciones sobre el "Grupo-Formación"

Las elaboraciones de De Brasi (1987b) sobre el *grupo-formación* expresaron el giro enunciado desde los grupos hacia *lo grupal*. La idea de *formación* como una "dimensión de la grupalidad" ponía en cuestión la concepción del grupo como objeto formal abstracto, tanto como las concepciones basadas en el grupo empírico. El autor explicitó que las ideas sobre el grupo-formación fueron desarrolladas a partir del trabajo que había realizado con esta práctica, durante más de veinte años, en ámbitos institucionales y privados. Especificó que esta denominación, si bien aparentemente homónima, se distinguía del llamado "grupo de formación" y que las nociones de *grupo* y *formación* se desligaban del enfoque de la "dinámica grupal" en sus distintas versiones (training group, grupo de diagnóstico, grupo de base). En términos generales, el autor desplazaba el modo de pensar esta práctica de lo terapéutico tanto como de lo pedagógico (De Brasi, 1987b, p. 33).

Escribió, a propósito del esta dimensión de formación, que se trataba de "superar el recorte empírico sobre el que [los métodos y técnicas de los llamados grupos terapéuticos] modelan sus diversos quehaceres y trascender *hacia lo grupal como espacio estructurante de lo social-histórico*, condición inmanente de existencia y razonabilidad de los grupos mismos" (De Brasi, 1987b, p. 44).[29]

Formación no es formalismo. La idea de formación discutía con el "formalismo" instalado en el campo disciplinar, desde la década anterior, a partir de la recepción de las ideas de Althusser en el campo del psicoanálisis local.[30] *Grupo–formación*,

---

[29]El destacado es mío.

[30]En la década de 1970, en el marco de un problema que afectaba a los grupos de la izquierda no comunista: establecer la cientificidad del socialismo luego de la caída del "comunismo real", las lecturas de Althusser en el ámbito *psi* local se articularon a la necesidad de fortalecer el estatuto científico del psicoanálisis en su articulación con el marxismo, a través de una renovación teórica alejada de la tradición comunista. Luciano García (2012) mostró, en el

como posibilidad de "*lo grupal* por-venir" (p. 33) apuntaba a señalar que el grupo es *producción* y no objeto formal; la forma es materialista y no abstracta, la forma *produce* (efectos, transformaciones, movimientos, afecciones) subjetividad. El planteo de De Brasi expresaba entonces, por un lado, una crítica a la concepción cientificista del psicoanálisis basada en la idea de "ruptura epistemológica" entre ciencia e ideología y en la postulación del inconsciente como objeto formal abstracto;[31] modelo del

---

marco de su investigación sobre la recepción de la psicología soviética en la Argentina, cómo operaba esta "nueva fundamentación del psicoanálisis local" y su confrontación con el modelo comunista a través del análisis de las críticas que psicólogos como Harari, Sastre y Braunstein realizaron tanto a los comunistas como a los psicoanalistas de izquierda de la APA (García, 2012, pp. 278 y ss.).

[31] Althusser, inspirado en la crítica de George Politzer a la psicología y en la lectura lacaniana de Freud, había situado al psicoanálisis como disciplina modelo para fundar la epistemología de las ciencias humanas y sociales. Planteó que la emergencia de una ciencia depende de "una ruptura epistémica con saberes 'precientíficos', amparados en lo ideológico, y del establecimiento de un objeto científico particular y novedoso, en este caso, el inconsciente (...) la ciencia requiere de una instancia específicamente teórica, abstracta y formalizada para justificarse como tal y derivar prácticas efectivas" (García, 2012, p. 280). Althusser afirmó: "Lo primero que dice Lacan es que, en principio, Freud ha fundado una ciencia. Una ciencia nueva que es la ciencia de un objeto nuevo: el inconsciente. Declaración rigurosa. Si el

que había derivado a su vez la concepción de grupo como objeto formal abstracto.[32] Pero además, en el mismo despliegue de esa crítica, la referencia al "grupo-formación" buscaba dar una nueva potencia a la idea de *forma*, y de *formación* vinculada a ella, al acercarlas a la de *producción* y oponerlas al formalismo reinante.

Grupo-formación interrogaba las condiciones de posibilidad del aprendizaje como *producción* en situaciones colectivas; fue un modo de pensar un *aprendizaje-formación* como *producción de subjetividad*, alejado del esquema de salud/enfermedad propio de los modelos de grupo terapéutico. De Brasi planteaba que la idea de grupo terapéutico "es una *descripción* de los modelos de *salud*" (resolución de conflictos, adaptación global o parcial, bienestar, etc.) y *enfermedad* (anomalía, disfunción, descontrol, imposibilidad de manejo del entorno). Desde la perspectiva del autor, más allá los efectos que pueden producir —en términos de beneficios o daños— y más allá de las distintas modalidades y procedimientos adoptados, el grupo terapéutico no puede evitar el "intento de medición en

---

psicoanálisis es una ciencia, pues es la ciencia de un objeto propio, es también una ciencia según la estructura de toda ciencia: posee una *teoría* y una *técnica* (método) que permiten el conocimiento y la transformación de su objeto en una *práctica* científica (Althusser 1988/2011b, p. 75).

[32] *Cf.* Romero (1996).

términos de efectos curativos" ni tampoco una serie de repertorios normalizados de contrato, técnicas y métodos que regulan su quehacer (De Brasi, 1987b, p. 44). Por otra parte distinguió también *aprendizaje* de las tecnologías educativas productivistas basadas en objetivos, metas y logros.

De Brasi aproximó *formación* a las ideas de *invención* y *descubrimiento*. Invención no remite aquí a pretensiones de creatividad y/o originalidad sino a una disponibilidad para lo no previsto, para lo impensado, para lo todavía no existente: "la productividad de formas, la generación de multiplicidades imaginadas e imaginarias, invenciones simbólicas y fantásticas, y con niveles de materialidad no previstos ni estipulados en ninguno de los registros existentes" (p. 73).

Grupo-formación condensó *aprendizaje* y *enseñanza*. De Brasi se proponía delinear por qué un grupo sería de "aprendizaje-formación" (p. 46). Retomó, en relación con esa pregunta —y no sin cierta ironía—, el "aprender a pensar" de Pichon-Rivière; acercó esa pista a otras como el *enseñar* concebido como "dejar aprender" (Heidegger) y la diferencia entre el poder y la potencia (Deleuze). Escribió en este sentido que enseñar es "dejar ser lo que se puede, más allá de cualquier ilusión de 'querer ser'. En este aspecto *dejar aprender* entraña que cada uno aprehenda como es en el horizonte de sus posibilidades" y remite a "una posición del inconsciente como infinitivas producciones deseantes, sólo capturadas en las representaciones que nos hacemos de las mismas" (p. 47). Aprender sería desde su perspectiva "poder recibir, elaborar, experienciar conocimientos, afecciones, formas de pensamiento, prácticas diferenciales, etc., de acuerdo con nuestros mecanismos personales de captarlas, movilizarlas y potenciarlas transformativamente" (p. 47).

Como se dijo anteriormente, a propósito de la noción de *elucidación*, De Brasi retomó la enseñanza de Pichon-Rivière no para consagrarlo en un monumento de lo ya pensado sino, por el contrario, para pensar desde los límites de sus formulaciones. Desde su perspectiva, que se inscribe en la tradición ensayística, los "desaciertos" de los textos son también sus "virtudes" en la medida en que son el impulso para pensar a partir de ellos. En este sentido De Brasi retomó la noción de *tarea* en Pichon-Rivière. Planteó que ésta había sido condenada al desgaste y al olvido en gran medida a causa de la insistencia en una pregunta mal formulada que había promovido respuestas cosificadoras. Afirmó que preguntarse ¿"cuál es la tarea"? era plantear mal la cuestión.

En un texto publicado en *Lo Grupal 1*, el autor ya había señalado, a propósito de lo que llamó *grupo en actividad* y *grupo en operatividad* la necesidad de revisión de los usos de la noción de tarea.[33] Sugería allí que dicha noción solía confundirse con "meras propuestas para hacer 'algo' sobre 'alguna cosa' acerca de un 'nosotros mismos'" (De Brasi, 1983, p.28). En contraposición a estas versiones simplificadoras, para el autor la tarea se refería en primer lugar a un problema: cómo trabajar *disposiciones grupales* orientadas al aprendizaje como producción social.

De Brasi aproximó la noción de *tarea* a la de *deseo*. Más cercana de un *movimiento inconsciente* que de determinadas metas, fines y objetivos prefijados, la tarea requería ser pensada con los conceptos de *trabajo* en Marx y de *elaboración psíquica* en Freud. Según su perspectiva, el lugar privilegiado y la complejidad que esta noción había tenido en el enfoque de los grupos operativos de Pichon-Rivière (sus etapas de pre-tarea y tarea, sus planos manifiesto/latente, su ligazón con un proyecto, y los conceptos asociados a cada instancia como ansiedades, comunicación, cooperación, saboteo, per-

---

[33] "Algunas consideraciones sobre la formación de ideologías en el aprendizaje grupal". El texto ya había sido publicado en el segundo volumen de *Cuestionamos* (1973). Las expresiones *grupo en actividad* y *grupo en operatividad* están pensadas a partir de los aportes de Bion, Ezriel, Pichon-Rivière y diversas teorías, tanto el psicoanálisis de las relaciones objetales (M. Klein) como el interaccionismo (G. Mead) (De Brasi 1983, p.27).

tenencia, etc.) impedían reducirla como se lo había
hecho. Señalaba, sin embargo, que era necesario situar los límites de esa teoría en la actualidad (De
Brasi, 1987b, p. 51).

Distinguió entonces, a propósito del *grupo-formación*, una serie de elementos para despejar las
confusiones habituales: tarea, finalidad, objetivos o
fines, reglas y pautas. Desligó la tarea de lo que ha-
bitualmente se piensa como objetivos, metas o fines
y la vinculó a la idea de *finalidad* entendida como
movimiento productivo inconsciente. La tarea *tiende hacia* una finalidad; puede pensarse como su mo-
tor. La tarea se produce, se recrea en invenciones,
se liga a infinitas maquinaciones deseantes (p. 51).
La finalidad, por otra parte, contempla objetivos
o fines, que son delimitados en cada etapa grupal
y que deberían ser explicitados. Además, hay reglas y pautas compartidas por los integrantes que
se esbozan de manera consensual y que regulan su
funcionamiento. Se trata de "reglas y pautas de
juego que posibilitan un 'pensamiento en curso'" y
que "como *reguladoras y continentes* se oponen a
los rituales burocráticos y a la destrucción por la
destrucción, es decir, a todo formalismo" (p. 52).[34]
De este modo puede haber acuerdo en generar una
tarea, pero ésta se recrea constantemente y no está
prefijada de antemano.

---

[34]El destacado es del original.

> *La tarea, como es dibujada en este hori-*
> *zonte conceptual, se va tramando con el*
> consentimiento *de todos los miembros,*
> *puesto que 'no es impuesta' ni finalísti-*
> *ca (...) De ahí que posea un rasgo* con-
> sensual *desde el que se van ordenando*
> *series de acontecimientos sobre los que*
> *incidirá el coordinador o terapeuta* (De
> Brasi, 1987b, p. 53).[35]

En este marco De Brasi pensó el lugar del coordinador como un actuar en el sentido de orientar
las realizaciones, desde una posición que evite promover la tendencia de los grupos a autoidealizar y
clausurar sus espacios (p. 52). Si los grupos tienden a cerrarse sobre sí mismos (en ilusiones y mitos de origen), es la interpretación del coordinador
o terapeuta la que promueve la ilusión de unificación. La oportunidad de propiciar este movimiento
productivo (tarea) estaría vinculada a aquello que
se afirme en la multiplicidad y la imposibilidad de
unificación y clausura (p. 53).

> *Los caminos deseantes producen brechas*
> *que revelan a los temas tabúes, ilusio-*
> *nes, mitos, identificaciones quebradas*
> *por dentro, sin posibilidad de unificar-*
> *se (grados de transversalización) si un*

---

[35]El destacado es del original.

funcionamiento —coordinador, terapeu-
ta— no colabora activa, interpretativa
e idealizantemente para que eso suceda
(De Brasi, 1987b, p. 50).[36]

El coordinador puede entonces tanto facilitar
las condiciones de producción grupal como obstaculizar las realizaciones posibles. Es lo que señalaron
también Percia y Herrera (1987) cuando se refirie-
ron a las *paradojas de lo grupal*. En el prólogo de *Lo*
Grupal 5, escriben que la idea de sociedad secreta
en la literatura de Roberto Arlt ayudaba a pensar
el problema del liderazgo en los grupos. Encontraban en Arlt un modo de pensar *lo grupal* en la
literatura argentina lejos de "un afán moralizante
ni una propuesta de corrección" (p. 10). El Discurso del Astrólogo de *Los siete locos* (1929/2007) les

---

[36]Es necesario explicitar que estos desarrollos están pensados en grupos-formación en los que la concurrencia es de
carácter voluntario (De Brasi, 1987b, p. 53). Habría que dejar planteada la pregunta por las condiciones de posibilidad
de despliegue de estas ideas en la Universidad. Por un lado, si bien se asiste a la Universidad voluntariamente, no se
puede ignorar la fuerza que ejercen sobre sus espacios de formación, las reglas burocráticas (la inscripción, la evaluación,
la asistencia obligatoria) y los fines (aprobar materias, conseguir un título) que los enmarcan. Sin embargo, sin ignorar
ese aspecto burocrático presente en las reglas institucionales, no es arriesgado decir que la burocracia más difícil de
conmover es la del pensamiento en los agentes pedagógicos.

permitía plantear que los *estares colectivos* están habitados por una tensión; la misma que habita el mundo social: la que existe entre las prácticas manipuladoras y los dogmatismos por un lado y la oportunidad de producción colectiva. El fragmento citado de Arlt dice:

> — *¿Manager de locos...? Esa es la frase, quiero ser manager de locos, de los innumerables genios apócrifos, de los desequilibrados que no tienen entrada en los centros espiritistas y bolcheviques... Estos imbéciles... y yo se lo digo porque tengo experiencia... bien engañados..., lo suficientemente recalentados, son capaces de ejecutar actos que le pondrían a usted la piel de gallina. Literatos de mostrador. Inventores de barrio, profetas de parroquia, políticos de café y filósofos de centros recreativos serán la carne de cañón de nuestra sociedad* (Arlt, 1929/2007, p. 194, citado en Percia y Herrera, 1987, p. 10).

Leían en Arlt la presencia de la creencia en el poder colectivo, pero ese poder "es para el Astrólogo 'una montaña de carne inerte' que espera una religión y su santo" (Percia y Herrera, 1987, p. 10). Los autores anotaban que el pasaje de Arlt hablaba

de "una de las series fundantes de la tensión que se
trabaja en el pensamiento grupal argentino: *mana-
ger de locos / imbéciles... bien engañados.* La otra
es la que se trata de elucidar ahora: *coordinación de
grupos / producción colectiva*" (p. 10). Los grupos
se producen a la vez como mentira, engaño, fal-
sificación, manipulación ("pluralidad de rebaño")
y como creación, invención, espacio de producción
colectiva. La frontera entre esas dos configuracio-
nes era pensada como una orilla siempre movediza
o un borde impreciso (Percia y Herrera 1987, pp.
9-11).

La revisión del lugar del coordinador en un grupo, tradicionalmente asociado a las ideas de conducción y de liderazgo, se vinculó muy estrecha-
mente al problema de la interpretación. Percia y
Herrera (1987) ubicaron un obstáculo fundamental
en la preocupación del coordinador "*por descubrir*
significados en el decir en grupo" (p. 12). De Brasi (1973, 1983) ya había planteado, en la década
anterior, en un texto incluido en *Cuestionamos*,[37]
y desde referencias a los debates filosóficos sobre
la hermenéutica, la comprensión y el manejo de la
interpretación, la necesidad de abrir una pregunta:
"¿Qué es interpretar para la ciencia o la disciplina
en la que operamos?". Señalaba allí un problema
que advertía en distintos enfoques grupales: con-

---

[37]Véase nota 33, *Supra* p. 54.

cebir la interpretación como la tarea de captar un significado oculto y simultáneamente presente en los enunciados y en las conductas (De Brasi, 1983, p. 30).

> *En este* método literal *(donde se resuelve todo el análisis de la transferencia) los códigos interpretativos siempre están en presencia. Al coordinador le basta con ejercer eficientemente el papel de un traductor (...) Lo que se dice o se hace "significa...". Así, de manera inmediata se captura el sentido* (p. 30).

Esta pregunta sobre cómo concebir la interpretación y su relación con el lugar del coordinador vuelve a aparecer en otros textos. Percia y Herrera (1987) escribían en el prólogo de *Lo Grupal 5*: "¿Es posible la producción colectiva de un saber?" (p. 10), "¿es posible una producción colectiva sin conducción?". Afirmaban, retomando además la crítica a la reducción de lo grupal a un recurso técnico, que, si lo que acontece como producción colectiva "nunca está prefigurado de antemano", no es posible anticiparse ni resulta previsible, sí puede haber, sin embargo, un proceso de interrogación productiva de sentidos, una "lectura como producción de un saber en grupo y no como recorrido visual de lo ya escrito" (pp. 12-13). Percia (1989) vuelve sobre este

punto en otro escrito para situar que, lejos de plantear la imposibilidad de interpretación, se trataba
de distinguir entre una lectura que se supone cierta
y un acto de lectura que se sabe tropiezo, ensayo de
significación, orientación de sentido posible. No se
intentaba impugnar la lectura; se trataba de sostener una posición de lectura que no clausure la
ambigüedad, la simultaneidad, la multiplicidad, la
complejidad (Percia, 1989, p. 85). En esa oportunidad, el autor pensó el asunto con un relato de
Otras inquisiciones (1952/2011) de Borges. El texto comienza con una broma que Wilde le atribuye
a Carlyle: una biografía de Miguel Ángel que no
mencione las obras de Miguel Ángel:

> *Tan compleja es la realidad, tan frag-*
> *mentaria y tan simplificada la historia,*
> *que un observador omnisciente podría*
> *redactar un número indefinido, y ca-*
> *si infinito, de biografías de un hombre,*
> *que destacan hechos independientes y de*
> *las que tendríamos que leer muchas an-*
> *tes de comprender que el protagonista*
> *es el mismo. Simplifiquemos desafora-*
> *damente una vida: imaginemos que la*
> *integran trece mil hechos. Una de las*
> *hipótesis biográficas registrará la serie*
> *11, 22, 33...; otra, la serie 9, 13, 17,*
> *21...; otra, la serie 3, 12, 21, 30, 39...*

> *No es inconcebible una historia de los sueños de un hombre; otra, de los órganos de su cuerpo; otra, de las falacias cometidas por él; otra, de todos los momentos en que se imaginó las pirámides; otra, de su comercio con la noche y con las auroras* (Borges, 1952, p. 169).

Percia (1989) escribe que "la paradoja le sirve a Borges para criticar cierto método biográfico que privilegia la idea de un autor sobre su obra" (p. 85). Encontraba en esta referencia lo que consideraba una condición del pensamiento clínico: la imposibilidad de cualquier "intención totalizante, lectura del todo o descubrimiento de la verdad" (Percia, 1989, p. 85).

CAPÍTULO 2

CLÍNICA, CRÍTICA Y POLÍTICA

Un hombre solo siempre fracasa, decía Maggi, dijo Tardewski. Lo único que interesa, decía, es preguntar para qué sirve o al servicio de qué está ese fracaso individual. Claro que usted no puede entender una pregunta planteada en términos de utilidad histórica, decía.

No hay lucidez ahí, decía el profesor; no hay otra manera de ser lúcido que pensar desde la historia...

...¿Cómo podríamos soportar el presente, el horror del presente, me dijo la última noche el profesor, si no supiéramos que se trata de un presente histórico?

Ricardo Piglia (1980)

En la coyuntura sociopolítica argentina de reapertura democrática luego de la última dictadura cívico-militar, el campo disciplinar "psi" se caracterizó por el predominio de rasgos de privatización de sus prácticas, de autosuficiencia profesional, de repliegue sobre sí mismo, de aislamiento respecto de la escena social y de falta de interrogación por las consecuencias de lo acontecido en la historia reciente sobre la trama social y los vínculos socio-comunitarios (Vezzetti, 1986, pp. 7-8). Esa configuración se vincula con los efectos del período dicta-

torial sobre el campo de las prácticas asistenciales
en nuestro país.[1]

En ese marco, los textos considerados aquí (Percia, Herrera y Szyniak, 1986; Percia y Herrera, 1987;
Percia, 1989, 1991) poseen un interés particular que
se vincula a la posición de sus autores en el campo
intelectual de aquellos años y al tipo de operación
de lectura que desplegaron. Como se verá, el análisis de estos escritos muestra, en primer lugar, que
desde *Lo Grupal* se buscaba promover una discusión en la comunidad disciplinar de la psicología

---

[1]Carpintero y Vainer (2005) ubican, a partir del año
1974, el comienzo de un proceso de "desmantelamiento" del
campo de la Salud Mental, que se profundizó durante los
años de la dictadura a través de la represión de planes refor-
mistas y de sus principales actores. Además del secuestro, la
detención y la desaparición de profesionales y trabajadores,
los autores detallan las medidas llevadas a cabo durante esos
años sobre el sistema de salud: la intervención en distintos
organismos, allanamientos, cierre de servicios de salud mental, prohibición de determinadas prácticas (especialmente
grupales), suspensión de diversas actividades de formación
junto al retorno del uso de otras "técnicas" (como el elec-
troshock en el Centro de Salud Mental N°1 de la Ciudad
de Buenos Aires), limitación de las tareas de los psicólogos
(prohibiciones de realizar psicoterapia y en algunos casos
reducción de sus actividades a la aplicación de test) (pp.
324-393). La situación del campo disciplinar en los años de
post-dictadura, en el marco del campo cultural más amplio,
se retoma en el Capítulo 3 a propósito de la problemática
de la violencia.

y del psicoanálisis al poner en cuestión los modelos más extendidos en las prácticas clínicas en ese
tiempo. En segundo lugar, muestra que esa intervención consistió en retomar —y renovar— una reflexión privilegiada del campo intelectual de las dos
décadas previas: la relación entre la práctica profesional, la dimensión intelectual y la política.

2.1 Lo socio-histórico en tres tipos de dis-
cursos: apolíticos, formalistas y críticos
de lo social

En un texto de 1986, "Clínica y política: un
lugar para la ética en salud mental", incluido en
el tercer número de *Lo Grupal*, Percia, Snyniak y
Herrera interrogaron la relación entre la clínica y
la cuestión política a partir de ubicar el lugar de
lo socio-histórico en tres tipos de discursos que reconocían en el campo *psi* en esos años: discursos
apolíticos, discursos *formalistas* y discursos *críticos
de lo social*. Situaron con la denominación de discursos apolíticos a las posiciones que no se interrogaban sobre el papel de lo social en las prácticas en
salud mental. Se referían así a distintas orientaciones (tanto de enfoques psicoterapéuticos como de
perspectivas del psicoanálisis) caracterizadas por la
"naturalización de lo social-histórico". Estas posiciones implicaban —sostenían los autores— traba-

jar desde el supuesto —explícito o no— de que las enfermedades mentales son afecciones individuales o disfunciones familiares. Los autores objetaron en estas posturas la reducción de lo social a una pequeña red de lazos afectivos interpersonales. Argumentaban que la tendencia a no interrogar la relación entre las condiciones del mundo social y los padecimientos (personales, grupales, familiares) conlleva que los abordajes clínicos cumplan la función de "instrumentos normativos del sistema social vigente" (Percia, Snyniak y Herrera, 1986, p. 59). Sin esa interrogación, la función terapéutica sólo puede orientarse hacia la adaptación o integración del individuo al medio —incluso si ese medio se reconoce "social"—. Las orientaciones basadas en la "promoción de cambios", combinadas con una concepción del mundo social como algo dado, sólo pueden tener como parámetros los criterios de normalidad y de adaptación del sistema social vigente: adquirir nuevas respuestas, modificar actitudes, disminuir tensiones y angustias, conseguir mayor felicidad y mejor rendimiento en las actividades sociales (p. 59). Cuestionaron en estos modelos "la tendencia a restaurar el yo individual y sus aptitudes, disociada de la *situación* en la que el sujeto se encuentra" (p. 60). Así, los autores apuntaban a cuestionar y visibilizar una determinada actitud técnico-profesional que desconocía "la ca-

pacidad productora de ideología que toda práctica conlleva, de la cual no escapan las mencionadas
[las prácticas clínicas] y las consecuencias de control, adaptación y entrenamiento en un determinado modelo de éxito individual en las que pueden
concluir" (p. 60).

Teoricismo y formalismo: lecturas de El psicoanalismo *de Robert Castel*

En segundo lugar, las observaciones que los autores realizaron sobre los discursos formalistas se
dirigían hacia una tendencia que cobraba expansión
en el marco de la configuración del campo disciplinar en los primeros años posteriores a la reapertura
democrática en 1983. Como se indicó en el capítulo
anterior a propósito de la crítica de De Brasi al formalismo, esta tendencia había comenzado a insta-
larse en la década anterior a través de la recepción,
en el ámbito local, de las ideas de Althusser sobre
el psicoanálisis, y en particular, de su lectura sobre
los aportes de Lacan para la conformación de un
psicoanálisis científico.[2] En la década de 1980 esta línea de pensamiento, centrada en determinados
usos de la obra de Lacan, adquirió cierta hegemonía y masividad. A nivel institucional, el perfil del
psicólogo profesional formado en la universidad pú-

---

[2] *Supra*, pp. 49 y ss.

blica, que encuentra en la "orientación lacaniana"
no sólo un marco teórico privilegiado sino una identidad, se corresponde con esa tendencia.[3]

Los autores de *Lo Grupal* sostenían que, si bien
había que reconocer en las ideas de Lacan su contribución a la crítica a las concepciones adaptati-
vas y normativas (especialmente de la escuela inglesa y de la norteamericana), también era necesario señalar un riesgo en los usos más habituales de
esas ideas: el de desvincular el deseo de sus relaciones con el mundo social. Si bien podemos reco-

---

[3]Esa corriente de pensamiento encontró difusión principalmente a través de las cátedras clínicas de las universidades públicas de Buenos Aires, Rosario y la Plata, y en
espacios de formación privada vinculados a ellas (Dagfal,
2013). Dagfal destaca un rasgo particular de esa "filiación
lacaniana" tan extendida a partir del 83. Mientras que las
primeras lecturas de Lacan en nuestro medio, en los años
60, tuvieron lugar en el marco de la recepción del estruc-
turalismo y formaron parte de un clima de ideas marcado
por la interrogación por el lugar de la política en la práctica intelectual y se combinaron con referencias a la fenomenología, el existencialismo y el marxismo; en los años 80
predominaron las lecturas de Lacan alejadas de referencias
al marxismo. Siguiendo las observaciones de Dagfal puede
suponerse que ese rasgo se vinculó a la forma predominante que había adquirido el rol profesional durante los años
de la dictadura: "el psicólogo como profesional liberal, que
atiende pacientes de manera individual, en detrimento de
otro tipo de experiencias que sólo habían sido posibles en
contextos más propicios" (Dagfal, 2013, p. 12).

nocer aquí la referencia a *El Antiedipo* de Deleuze
y Guattari (1972/1995), de amplia circulación entre los autores de *Lo Grupal*: el inconsciente trama
sus argumentos en el mundo social, el inconsciente no es un teatro sino una máquina social; son
las referencias a *El psicoanalismo* de Robert Castel
(1973/1980) las que aparecen mayormente desplegadas en relación con la tendencia formalista.[4] Los
autores dirigen hacia ella las principales críticas de
Castel al psicoanálisis: el problema del "desconocimiento de la problemática sociopolítica" o la "extraterritorialidad social del psicoanálisis", el riesgo
de un inconsciente con valor de sustancia "ahistóri-
ca, asocial y apolítica", la separación entre lo "real
analítico" y lo "extraanalítico" (Castel, 1973/1980,
p. 111). El análisis de los usos que estos autores
hicieron de esas críticas es particularmente interesante para reconocer el tipo de operación de lectura
y apropiación que se realizó en *Lo Grupal* de la obra
de Castel.

Para Castel (1973/1980), el desconocimiento de
la problemática sociopolítica por el psicoanálisis:
lo que llama el "inconsciente social del psicoanálisis", lo "ignorado *social* que opera dentro de él" (p.
75) es condición constitutiva de su conformación.

---

[4] *El psicoanalismo, el orden psicoanalítico y el poder*, de
Robert Castel se publica en Francia en 1973. La primera
edición en castellano, de Siglo XXI, es de 1980.

El sociólogo francés buscaba en esa obra postular
"las condiciones del psicoanálisis en su 'verdad', es
decir, como conjunto teórico-práctico definido en
y por la formación social actual" (p. 74). Por eso
afirmaba —irónico— que reprochar al psicoanálisis
su complicidad con las estructuras político-sociales
de poder sería lo mismo que hacer reproches a una
piedra porque cae (p. 75).

Conviene situar a qué se refiere Castel (1973/-
1980) con la noción de *psicoanalismo*. El autor nom-
bró así al "proceso de ideologización *producido por
el psicoanálisis*" (p. 9).

*El psicoanálisis no es el psicoanalismo.
El psicoanálisis es la práctica y la teoría
de los efectos del inconsciente que pone
entre paréntesis la cuestión de sus finalidades socio-políticas: abstracción que,
como veremos, es defendible dentro de
ciertos límites bien precisos y muy es-
trechos. El psicoanalismo es el efecto-
psicoanálisis inmediato producido por
tal abstracción. Es la implicación socio-
política directa del desconocimiento de
lo político-social, desconocimiento que
no es un simple "olvido" sino, como lo
mostraremos   abundantemente,   un*

proceso activo de invalidación (Castel 1973/1980, p. 8).[5]

Castel (1973/1980) especificó que no había que entender la relación entre psicoanálisis y psicoanalismo en términos de la relación que existe entre una teoría y sus aplicaciones —que podrían ser más o menos adecuadas a un "epicentro original"—; tampoco en términos de la distancia que separa un saber de su "ideologización" (pp. 8-9). Para Castel habría, entre psicoanálisis y psicoanalismo, una relación mucho más estrecha,

> *dado que el psicoanálisis no es una teoría como cualquier otra sino la práctica de la totalidad de sus efectos, o la producción de su propia práctica. De modo que produce el psicoanalismo tan directamente como un cuerpo expuesto a la luz produce una sombra* (p. 9).

La lógica del psicoanalismo se expresaría para el autor en la articulación de tres puntos: Primero, la crítica de la "recuperación": el psicoanálisis no se distingue de sus usos, incluso de los más "extraviados", ya que la relación del psicoanálisis con

---

[5]El destacado es del original

sus usos "no es *nunca una relación de pura exterioridad*" (p. 15). Segundo, la relación analítica "tiene *inmediatamente efectos sociales* específicos que *nunca son socialmente neutros*" (p. 15). Y tercero, para el autor, la relación entre el primer punto y el segundo permitirían situar al psicoanálisis en un lugar privilegiado *"entre las ideologías dominantes y las instituciones de control social"*, es decir, comprender "la situación del psicoanálisis en la coyuntura de las relaciones de clase, y su aporte decisivo a las técnicas de psicologización y de privatización, principalmente en su interpretación médico-psiquiátrica" (p. 15).[6]

Los autores de *Lo Grupal* realizaron una apropiación particular de estas ideas. Lo que hay que destacar es que no dejaban de afirmarse en el psicoanálisis —más precisamente, como se verá, en cierta tradición del psicoanálisis argentino— y dirigieron las críticas de Castel hacia los discursos formalistas que iban ganando cada vez más adeptos en el ámbito local. Se trataba, en este sentido, de una lectura que incorporaba los problemas planteados por Castel para interrogar sus propias prácticas y para intervenir críticamente en el campo disciplinar. Esto es evidente cuando afirman que "si el pensamiento freudiano logró introducir el deseo en la historia, no fue para promover el desprecio

---

[6]Los destacados son del original.

por la historia, lo político y lo social" (Percia, Herrera y Szyniak, 1986, p. 65). Recordemos también,
para apreciar el lugar central de la lectura de Castel en *Lo Grupal* y para introducir al mismo tiempo
ciertos rasgos particulares de su apropiación, el epígrafe con el que Eduardo Pavlovsky abría el primer
volumen de la serie en 1983:

> *¿Se ha pensado bien en lo que significa
> el hecho de dejar en paz al 'inconscien-
> te' como estructura específica. Estoy de
> acuerdo en otorgarle en cuanto sea po-
> sible el 'carácter de específico', mientras
> no implique la total extraterritorialidad
> social del psicoanálisis, o sea, mientras
> no suponga el privilegio único y exorbi-
> tante que entrañaría la posición de una
> sustancia completamente* AHISTÓRICA,
> ASOCIAL Y APOLÍTICA. *Es la definición
> misma de Dios: la* SOBERANA NEUTRA-
> LIDAD, EL ÁRBITRO, *la 'otra escena'
> como lugar ontológico donde no pasa la
> crítica, rechazada por la tajante espa-
> da de la ruptura epistemológica* (Castel,
> 1973/1980, p. 111, citado en Pavlovsky,
> 1983a, p. 6).[7]

---

[7]El destacado es de Eduardo Pavlovsky.

Los párrafos del prólogo que siguen a ese epígrafe articulan elementos tomados de la crítica de
Castel con la afirmación de la continuidad del proyecto editorial de *Lo Grupal* con el movimiento de
Plataforma Internacional, con las rupturas de Plataforma y Documento con la APA y con los volúmenes *Cuestionamos* de 1971 y 1973. Pavlovsky se
refería allí a la posibilidad de volver a escribir jun-
tos (con Bauleo, De Brasi, Baremblitt y Saidón)
"desde un psicoanálisis que cree, en última instancia, en la existencia de un *inconsciente social
e histórico*" (Pavlovsky, 1983a, p. 8).[8] El uso que
hace Pavlovsky de la expresión "inconsciente social e histórico" se desplaza del "inconsciente social
del psicoanálisis" de Castel. En efecto, éste había
planteado que no excluía del desconocimiento de
la problemática sociopolítica ni siquiera a aquellos
que "creen reconocer esa dimensión y aparentemente la enfatizan, dándole al psicoanálisis cierto ses-
go político, de protesta, subversivo: esta pretensión
es una de las mayores mistificaciones actuales. En
cuanto tal, el psicoanálisis oculta *siempre* los problemas sociopolíticos" (p. 11).[9] Pavlovsky (1983b)
vuelve a usar la expresión "inconsciente social" en
"Lo fantasmático social y lo imaginario grupal", incluido en ese primer volumen, para pensar vincula-

---

[8]El destacado es mío.

[9] El destacado es del original.

ciones entre lo individual y lo social —aunque sin
llevar la discusión a los conceptos que nombran esa
separación—; para plantear de qué modo *lo social*
habla en un grupo. El modo en que aparece la idea
de un *inconsciente social* en esa oportunidad parece
responder a una concepción que combina distintas
referencias. Con esa noción el autor planteaba centralmente que, lo que llamamos *inconsciente* desde
Freud, se trama en el campo social histórico. Ad-
vertimos la vinculación con los planteos de Castel;
pero también —y tal vez en mayor medida— la
cercanía con la concepción de inconsciente de *El
Antiedipo* de Deleuze y Guattari (1972/1995):

> *Nosotros decimos que el campo social
> está inmediatamente recorrido por el de-
> seo, que es su producto históricamente
> determinado, y que la libido no necesita
> ninguna mediación ni sublimación, nin-
> guna operación psíquica, ninguna trans-
> formación, para cargar las fuerzas pro-
> ductivas y las relaciones de producción.*
> Sólo hay el deseo y lo social, y nada más
> (p. 36).[10]

---

[10] Robert Castel (1973/1980) le dedica un capítulo de
su libro a *El Antiedipo*, tanto para valorar los aportes de
esa obra como para explicitar en qué aspecto su enfoque se
diferencia de ella. Para Castel, la obra de Deleuze y Guatta-

Al referirse a un *inconsciente social*, no menos significativas eran para Pavlovsky las observaciones realizadas por Didier Anzieu en ocasión de los seminarios de dinámica de grupos, que se realizaban simultáneamente a los acontecimientos del mayo francés. Pavlovsky se refiere a la relación que Anzieu establecía entre fenómenos que observaba en el seminario que coordinaba y los acontecimientos político-sociales de ese momento: el desarrollo del seminario reproducía aspectos del "inconsciente social en Francia". Destaca que Anzieu reconocía en el seminario la identificación del equipo terapéutico con una fantasmática social particularmente cuestionada y combatida en los acontecimientos de mayo: la fantasmática de una organización jerárquica del saber y del poder (Pavlovsky, 1983b, p. 41). Así, a partir de las ideas de inconsciente social,

---

ri representaba un aporte fundamental para una sociología crítica del psicoanálisis. Al establecer la relación que existe entre "la supremacía concedida al triángulo edípico en la teoría y en la práctica analíticas" y "las formas sociales, políticas y religiosas de dominación en las sociedades donde el psicoanálisis ha nacido y se ha instalado", logra mostrar que el psicoanálisis "interioriza los determinismos básicos de la existencia histórico-social" (pp. 74-75). Sin embargo —agrega— lo que él reprocha al psicoanálisis no es esta complicidad con "las estructuras político-sociales del poder" sino "más bien su pretensión de haberse librado de ellas, sus fingimientos de desenvoltura, de autonomía o, lo que es todavía más extraordinario, de subversión" (p. 75).

imaginario grupal y fantasmática social, Pavlovsky planteaba, para la situación argentina, la pregunta por los efectos de los acontecimientos sociopolíticos del período dictatorial en el campo de la producción imaginaria de los grupos. Relata en ese marco que, durante las experiencias de coordinación de grupos terapéuticos realizadas con Bauleo en los años 1976 y 1977, era habitual la presencia del rol del *sospechoso* en el grupo. Ese lugar condensaba el temor que despertaba un integrante silencioso de ser miembro de los servicios de inteligencia. De ese modo sugiere la relevancia de considerar, en la clínica grupal, la pregunta por los modos en que el grupo *es hablado* por argumentos del mundo social. Escribe:

> *El grupo es hablado por el argumento del drama del inconsciente social y su trama argumental. Cada integrante actúa un personaje principal de esa trama. Lo habla su inconciente individual, pero al servicio de una trama argumental que alude o sugiere una fantasmática social. Inconciente social que se introduce en la intimidad-interioridad del grupo* (Pavlovsky, 1983b, pp. 44-45).[11]

---

[11] El trabajo publicado en *Lo Grupal 1*, "Lo fantasmático social y lo imaginario grupal" es uno de los textos que se

Ahora bien, como se podrá advertir a propósito de los "discursos críticos de lo social", para Herrera, Percia y Szyniak (1986), los planteos de Castel no sólo orientaron las críticas hacia el formalismo, sino que también sirvieron de marco para destacar en determinados antecedentes —en particular en Pavlovsky y en Bauleo— los rasgos de una posición clínica que no desconoce la relación que su práctica tiene con el problema del poder (pp. 72-73). Estos autores llamaron entonces formalismo al efecto de autonomía que podía adquirir una supuesta verdad del sujeto —la de la estructura de su deseo— en relación con las condiciones histórico-sociales de producción de subjetividades. Sostenían que esa denominación se justificaba por la tendencia de algunos autores a "constituir el campo de sus prácticas al margen del deseo atravesado por las vicisitudes de las relaciones familiares, coyunturas políticas, conflictos sociales, historia" (p. 62).

Hay que hacer notar que los autores destacaron uno de los aspectos quizás más interesantes de la crítica de Castel al psicoanálisis, el que había desa-

---

leían, en los años de post-dictadura, en la cátedra de Teoría y Técnica de Grupos de la Facultad de Psicología de la UBA, cuya titular era Ana María Fernández. En una encuesta que había realizado la revista *Zona Erógena* en esos años, Eduardo Pavlovsky aparecía como un autor de prestigio entre los estudiantes universitarios de esa facultad. Comunicación personal con Marcelo Percia (Noviembre de 2014).

rrollado por ejemplo al retomar la crítica de Didier
Deleule (1969/1972) a la psicología para extender-
la al psicoanálisis. Se trata de su aclaración de que
su reproche no se dirigía tanto a la complicidad del
psicoanálisis con el poder, como a su pretensión de
haberse librado del problema del poder, a su apa-
rente autonomía e incluso a su autoafirmación en
una lógica de subversión (Castel, 1973/1980, p. 75).
Para Castel, el principio epistemológico que sostiene Deleule es el mismo que él sostiene en su enfoque del psicoanálisis: el rechazo de la oposición
entre teoría científica por un lado y diversas técnicas o aplicaciones por otro, que podrían mantener
relaciones más o menos adecuadas respecto de un
"saber neutro" (p. 110). Para Castel, la crítica de
Deleule a la psicología muestra la pregunta (nunca
formulada) que la atraviesa y sostiene su quehacer:

> *¿bajo qué condiciones la integración ar-*
> *moniosa del individuo al conjunto so-*
> *cial es técnicamente controlable y teóri-*
> *camente presentable, dando por supues-*
> *to que es políticamente necesaria (en el*
> *contexto del actual sistema, por cierto)?*
> (p. 110).

Pero a diferencia de Deleule, que hace del psicoanálisis el fundamento de su crítica a la psicología a través de la ruptura que habría introducido

el inconsciente freudiano (posición solidaria de la
concepción althusseriana de la "ruptura epistemológica"), Castel señala que esta pregunta no puede
evitarse tampoco en el campo del psicoanálisis.

> *Como se ve, este principio (diremos epis-*
> *temológico) es del mismo orden que el*
> *que presidió mi enfoque del psicoanáli-*
> *sis. Pero Deleule no lo aplica al psicoa-*
> *nálisis. Por el contrario, hace del psi-*
> *coanálisis lo no dicho de su propio dis-*
> *curso, y lo muestra en conclusión co-*
> *mo el sólido fundamento sobre el que se*
> *apoya toda su crítica de la psicología.*
> *El inconsciente freudiano señala el lu-*
> *gar de una ruptura a partir de la cual*
> *el 'discurso hueco' de la psicología es-*
> *capa a su determinación ideológica. Es*
> *lo no tocado en el panorama crítico por-*
> *que es lo intocable de la crítica episte-*
> *mológica, 'el verdadero sentido de la re-*
> *volución psicoanalítica, la mutación de*
> *su problemática y la construcción de su*
> *objeto: lo inconsciente como estructura*
> *específica' (p. 110).*

Siguiendo este aspecto del planteo de Castel,
Percia, Herrera y Szyniak (1986) cuestionaban el
supuesto tranquilizador de que el psicoanálisis no

trabaja desde una posición de poder, sino al contrario, contra la producción de figuras de poder (p. 63). Afirmaron en ese sentido que no alcanzaba con cuestionar un tipo de concepción de la cura basada en la adaptación o la "ayuda terapéutica"; ni tampoco bastaba con estar advertido de que el analista no debería encarnar un lugar de poder al proponerse como modelo. Es necesario —agregaban— pensar la relación de un padecimiento con sus condiciones socio-históricas de producción. Lo que hay que destacar aquí, para dimensionar la relevancia del planteo de los autores argentinos, es que su crítica apuntaba a visibilizar las implicaciones de la tendencia creciente a la formalización, en la situación socio-política argentina, y en la situación más amplia de los países latinoamericanos. Advertían que esas actitudes de ceguera social y política contribuían a sostener e incluso a profundizar, ya en tiempos democráticos, un esquema implantado durante la dictadura: la escisión entre teoricismo y acción clínica como "refugio" de amplios círculos profesionales frente al vaciamiento del sistema de salud. Señalaban como "riesgos" la idealización de un purismo teórico y el consecuente rechazo o descalificación anticipada de cualquier intento de invención en el trabajo psicoterapéutico, considerado como de rango inferior. Escriben:

(...) partimos del siguiente presupuesto: en circunstancias político-sociales como las que viven los países latinoamericanos, se tornan más insostenibles ideas tales como neutralidad, extraterritorialidad o investigación formal. Nuestras prácticas clínicas llevan impresas las marcas de "lo real social" como un siniestro lesionador de nuestra subjetividad. "Se trata de comprender —plantea con acierto Robert Castel— cómo lo imaginario en tanto imaginario, lo simbólico en tanto simbólico, son estructurados por otro 'real' distinto de aquel del deseo y la angustia". La razón social no es una categoría neutra, y porque sufrimos formas extremas de violencia social no podemos poner entre paréntesis las formas objetivas que modelan nuestra vida cotidiana y señalan nuestras urgencias. Comprender lo real social atravesando lo real psíquico. El discurso del deseo atravesado por el discurso histórico. Dos de las fórmulas que resumen la intención que queremos sostener (Percia et al., 1986, p. 63).

Discursos críticos: una revisión de "lo político"

La producción de un horizonte de *discursos críticos* se realizó a través de una relectura de ciertos antecedentes de la tradición del psicoanálisis argentino vinculada al pensamiento de las izquierdas de los años 60 y principios de los 70 (Pichon-Rivière, Bleger, Marie Langer y los grupos Plataforma y Documento); antecedentes entre los cuales destacaron planteos que otros autores significativos de *Lo Grupal*, como Pavlovsky y Bauleo, habían realizado en aquel contexto. Esa operación no se trató de una celebración autocomplaciente; se retoman ciertos actores, planteos y experiencias junto a las condiciones socio-políticas y culturales que las habían hecho posibles (Percia *et al.*, 1986, pp. 68-69): el clima de reformismo y modernización cultural de los años 60 había creado condiciones, en el campo de la salud mental, para el desarrollo de perspectivas que integraban discursos provenientes de la medicina social, la psicología, el psicoanálisis, la psiquiatría dinámica, el marxismo y las ciencias sociales. Los autores destacaban, en esa trama teórico-clínica de gran productividad, la instalación de *lo grupal* en la escena clínica como "instrumento teórico-técnico ineludible" vinculado a la proliferación de experiencias asistenciales (p. 69).[12] Recuperan entonces los mo-

---

[12] Mencionan, entre las experiencias más destacadas, el equipo del Servicio de Psicopatología del Policlínico Grego-

dos en que la dimensión socio-política se hacía presente en las distintas perspectivas que componen esa tradición, para la cual —agregaban— se justificaría hablar de una "escuela argentina" (p. 69).

Como se vio en el capítulo anterior, Enrique Pichon-Rivière fue situado, en el marco de esta publicación, como referente principal de una crítica social puesta en acto en la labor clínica. Estos autores retomaron, en particular, la forma en que Pichon había pensado la noción de conciencia crítica, su consideración del enfermo como portavoz de las tensiones de la familia y el grupo pensado como forma de democratizar el psicoanálisis.

Con respecto a la noción de *conciencia crítica*, vinculada al aprendizaje y la transformación social, recordemos que Pichon se había referido a esta idea, en los años 70, como ampliación del concepto de *adaptación activa*, a partir de la consideración del sujeto como ser histórico y del rol que, en la coyuntura histórica de ese tiempo, debía cumplir la psico-

---

rio Aráoz Alfaro (Lanús) bajo la dirección del Dr. Mauricio Goldemberg, los aportes de Hugo Rosarios en el Centro de Salud Mental N° 1 y de Pedro Hercovici en el Centro de Salud Mental N° 2, el trabajo de Raúl Camino en Colonia Federal (Entre Ríos), de Grimson en la comunidad terapéutica del Centro Piloto del Hospital Estévez (Lomas de Zamora) y de Alfredo Moffat en la Peña Carlos Gardel en el Hospital Borda.

logía en vinculación con la praxis política. Si la idea
de adaptación activa remitía al aprendizaje entendido como "apropiación instrumental de la realidad
para transformarla" (Zito Lema, 1976/1990, p. 86);
su reelaboración en la idea de conciencia crítica en-
fatizaba que esa realidad no se pensaba como una
abstracción, ni la adaptación a ella se entendía en
un sentido de normalización o de conformismo con
las condiciones dadas. La referencia a la conciencia
crítica precisaba que la *transformación* se refería a
una realidad concreta, social e histórica en la que
se vive: al reconocimiento de "las necesidades propias y de la comunidad a la que se pertenece" (p.
86) y a una praxis que actúa sobre lo intolerable
de las condiciones de existencia social vigentes así
como sobre las ilusiones que lo encubren. Los autores citaban lo que Pichon había dicho a Vicente
Zito Lema en sus conversaciones de 1975:

> *La conciencia crítica es una forma de
> vinculación con lo real, una forma de
> aprendizaje que implica la superación de
> ilusiones acerca de la propia situación
> como sujeto, como grupo, como pueblo.
> Lo que se logra es un proceso de trans-
> formación, en una praxis que modifica
> situaciones que necesitan de la ficción
> o la ilusión para ser toleradas* (Zito Le-

ma, 1976/1990, p. 86, citado en Percia
et al., 1986, p. 66).

Ubicaron además la presencia de una crítica social en el pensamiento de Pichon sobre la familia,
principalmente la forma en que había pensado la
relación entre enfermedad mental y grupo familiar:
la idea de que la enfermedad mental puede ser fun-
cional a la institución familiar. El enfermo como
portavoz de las tensiones del grupo familiar implicaba una crítica social en la medida que revelaba
que el equilibrio familiar, en ocasiones, se sostiene
al precio de la enfermedad de uno de sus miembros
(Percia, *et al.*, p. 66). En este sentido los autores
retoman un aspecto central del interés de Pichon
por la familia, y que él mismo expresó en la entrevista con Zito Lema (1976/1990): la familia no
era un objetivo de la psicología social sino en tanto institución social y núcleo de la estructura social; el acento estaba en la interacción entre familia
y sociedad. Para Pichon, si se apuntaba a producir modificaciones en la familia era teniendo como
horizonte la transformación social que ello podía
conllevar (pp. 105-106). Por último, los autores situaron la concepción del grupo como espacio de-
mocratizador del psicoanálisis y como artefacto de
comunicación orientado a la transformación social
como *invención* efectuada por Pichon. Reconocían
en esas ideas la inauguración de nuevos campos de

investigación en los cuales encontraban una orientación fundamental para su trabajo: el de la clínica grupal y un modelo de aprendizaje en grupos (p. 67).

En segundo lugar destacaron, como parte de esta tradición crítica argentina, lo que consideraban los rasgos principales del proyecto reformista de José Bleger: "su empeño de llevar la cuestión social al psicoanálisis"; y esto tanto en el plano teórico, por establecer enlaces entre el marxismo y el psicoanálisis como en una dimensión clínica, a través de la promoción de una crítica al psicoanálisis como práctica elitista (p 67). Para Bleger —sostenían los autores— el psicoanálisis era un procedimiento de investigación que permitía aplicar sus conocimientos a las necesidades sociales en las instituciones, los grupos, la comunidad. Hay que recordar en este sentido que su proyecto de "psicohigiene" incorporaba la idea de un "psicoanálisis aplicado", concebido como una práctica abierta hacia la comunidad, desplazada del contrato privado y del objetivo restringido de la cura.[13]

---

[13]Estos aspectos de las enseñanzas de Pichon-Rivière y de Bleger fueron trabajados también por Hugo Vezzetti, desde una perspectiva de historia crítica de la psicología y del psicoanálisis. Sobre la renovación que introduce Pichon, véase Vezzetti (2002b). Sobre el aporte del proyecto de Bleger en los comienzos de la psicología como disciplina académica y

Por último situaron, en los movimientos de ruptura con las instituciones psicoanalíticas oficiales de
comienzos de los años 70, la expresión más explícita
de un discurso de crítica social en el ámbito de la
Salud Mental. Destacaron en las producciones de
estos grupos, reunidas en los dos volúmenes *Cuestionamos* (1971, 1973), la capacidad de reflejar una
de las preocupaciones centrales de ese tiempo histórico: "instalar los discursos y prácticas psicoanalíticas en el espacio de las luchas sociales y políticas"
y "la certidumbre de que las prácticas clínicas en
salud mental debían ser significativas para la sociedad y para los sectores populares que demandaban
urgente asistencia" (Percia *et al.*, 1986, p. 68). Ubicaron, en relación con esas experiencias y discursos,
dos tipos de efectos. Por un lado valoraron positi-
vamente la capacidad que habían tenido de desplegar, en aquellas condiciones coyunturales, prácticas
clínicas y producciones teórico-técnicas novedosas
que habían posibilitado la integración de discursos
del psicoanálisis, la psicología y la psiquiatría dinámica a la realidad asistencial del país (Percia *et
al.*, 1986, p.70). Subrayaron, en el mismo sentido,
la contribución al cuestionamiento de las relaciones
de poder en las situaciones clínicas (Percia, 1987,
pp. 77-78). No dejaron de señalar, sin embargo,
que aquellos planteos tendieron a desembocar en

---

profesional, véase Vezzetti (2004).

la "ilusión militante" de representar la acción revolucionaria dentro del psicoanálisis y en la confusión
de la actividad clínica con la actividad política directa. Cabe detenerse en esta observación, desde la
cual los autores no sólo retomaban un tema privilegiado de los debates político-culturales de los años
60: la cuestión del rol profesional y la dimensión
intelectual en la política, sino que también delimi-
taban una posición en el nuevo escenario. Desde su
perspectiva, aquellas iniciativas de ruptura habían
estado marcadas por

> *(...) la pérdida de cierta especificidad
> del discurso clínico opacado por su fun-
> cionalización como práctica política. Es-
> tas concepciones por momentos, desem-
> bocaron en una 'ilusión militante'. Que-
> rían representar la acción revoluciona-
> ria dentro del psicoanálisis. Se confun-
> dió la actividad clínica con la actividad
> política directa* (Percia *et al.*, 1986, p.
> 70).

La observación retoma de ese modo los términos de una discusión clave en aquellos años. Por
tomar una expresión clara de aquel debate, era la
posición que Bleger y Pichon-Rivière habían sostenido en la Mesa Redonda sobre Ideologia y Psicología Concreta, realizada en 1965 en la Facultad

de Filosofía y Letras de la UBA. En esa oportunidad —en la que también participaron el psiquiatra
Antonio Caparrós y el filósofo León Rozitchner—
Bleger y Pichon-Rivière habían sostenido la importancia de no perder la autonomía del campo profesional mientras que para Caparrós el científico
y el militante debían coincidir (Bleger, Caparrós,
Pichon-Rivière y Rozitchner, 1969).[14]

Es entonces desde esos antecedentes y en diálogo con aquellas discusiones que se produce en *Lo
Grupal* una revisión de la concepción de lo político en el campo de la clínica. Si en esos años, la
"confusión" entre "el discurso político de lo público y la política" había conllevado muchas veces
una renuncia a "los desarrollos singulares de cada saber en nombre de la transformación social"
(Percia, 1989, p. 28), era necesario ahora pensar
el problema en otros términos. Junto a la lectura
de Castel, otras referencias aportaron herramientas
para sostener esa revisión: la noción de "violencia
simbólica" (Bourdieu y Passeron, 1970/1998) como
modo de advertir que no solamente en la imposi-
ción autoritaria de sentido se ejerce una violencia;

---

[14]Oscar Terán (2008) se refiere a este debate como un
ejemplo entre otros tantos que da cuenta del "modo en que
la política como posicionamiento y la práctica política como
actitud cubrían el ámbito de las prácticas culturales" (p.
286).

la concepción de Foucault (1976/2006) sobre el poder y la biopolítica; la noción de imaginario social de Castoriadis (1975/1993ab) pueden considerarse entre las más significativas.

> *Es necesario pensar de qué forma esta dimensión de lo político-social nos atraviesa, inquieta y configura como actores sociales. Porque, como dice Foucault 'es el poder dominante, la imbricación íntima y oscura y eficaz que ha modelado todas nuestras representaciones y las relaciones que establecemos con la realidad'. Es cierto que todas las creencias subjetivas están investidas inconscientemente. Y también es igualmente cierto que se organizan como figuras de un imaginario social que a su vez ordenan nuestra manera de ser* (Percia *et al.*, 1986, p. 65).

La revisión de la concepción de lo político en el campo de la clínica apuntaba a señalar entonces que no se trataba de "*politizar* la acción clínica", sino de interrogar los modos en que las subjetividades eran afectadas por esa dimensión "sin perder de vista la especificidad de sus propios discursos" (p. 65). De todos modos, como se señaló anteriormente, los autores reconocían en algunos de los escritos reunidos alrededor de los libros *Cuestiona-mos* el mérito de haber dejado planteado el proble-ma de considerar de qué modo en la escena clínica podrían reiterarse las estructuras de poder vigen-tes: el riesgo era "que la escena clínica reprodujese la escena social y contribuyese quiera o no a per-petuarla" (pp. 69-70). Retomaron en este sentido, por su relación con la problemática grupal, ideas de Armando Bauleo (1977) y de Eduardo Pavlosvky (1971) en las que nos interesa detenernos.

Por un lado situaban lo que Bauleo había lla-mado *contraideología* como una pista que señalaba la necesidad de interrogar los "supuestos imagina-rios con que operan los trabajadores del campo psi" (Percia *et al.*, 1986, p. 71).[15] Para Bauleo (1977) el término contraideología trataba de "señalar la intención de elaborar una técnica a partir de su-puestos en lucha con los de la ideología dominan-te" (p. 15).[16] El autor ya había planteado la misma

---

[15] El texto de Bauleo, "Notas para la conceptualización sobre grupos", incluido en el libro *Contrainstitución y gru-pos*, publicado en México en 1977, es la comunicación presen-tada en el Congreso Internacional de Psicoterapia de Grupo realizado en Zurich en 1973.

[16] No puede dejar de señalarse la proximidad de la idea de Bauleo con los desarrollos de José Bleger que, a propósito de su propuesta de una "epistemología del psicoanálisis" se había referido a la poca predisposición de los psicoanalistas a interrogarse por los supuestos —esquemas conceptuales o

cuestión en *Ideología, grupo y familia* (1970/1981)
—aunque sin utilizar el término contraideología—
a propósito de la posición del terapeuta en el trabajo con grupos familiares. Bauleo señalaba allí que
cualquier formulación que el terapeuta efectúa sobre el grupo familiar se basa en "supuestos teóricos"
conscientes e inconscientes, constituidos a través de
"la formación y experiencias del terapeuta [que] a
su vez configuran su ideología" (Bauleo, 1970/1981,
p. 83). Consideraba que era necesario reflexionar
sobre esos supuestos, lo que implicaba fundamentalmente interrogar desde qué concepción de salud
y de enfermedad y desde qué concepción de familia
trabaja el terapeuta o psicoanalista: "¿qué es una
familia sana o enferma en tal o cual sociedad?",
"¿Cuándo una familia se considera a sí misma sana
o enferma?" (p. 85). De ese modo Bauleo indicaba,
a propósito de la familia, la necesidad de advertir
que los criterios de salud y de enfermedad, así como
los criterios de normalidad siempre están determinados por los modelos sociales vigentes.

---

a priori conceptuales en términos de Bleger, que retoman
a su vez a Pichon-Rivière— en los que se apoyan sus concepciones teóricas y sus prácticas (Bleger, 1958, pp. 17-25).
Se lee en esas páginas de Bleger que la pregunta clave de
esa interrogación era desde qué concepción de hombre (y
de mundo) se sostienen las teorizaciones y las prácticas en
cuestión, y en particular las del psicoanálisis.

Es decir, qué tipos de modelos socia-
les se dan de salud y enfermedad en *y*
de *la familia. A su vez, de qué manera*
ciertas estructuras sociales determinan
los caracteres de normalidad en los cua-
les se mueve la estructura familiar, las
posibles oscilaciones así como las reac-
ciones sociales a la ruptura de aquellos
caracteres (Bauleo, 1970/1980, p. 85).[17]

Desde una concepción de ciencia que cuestio-
naba el neutralismo como un "mito del pasado",
Bauleo daba un paso más con la noción de *contra-*
ideología; señalaba que no se trataba sólo del análisis de los modos en que las prácticas clínicas podían
reproducir la ideología dominante, sino de realizar
desde allí un movimiento correspondiente de búsqueda de otros supuestos, técnicas y teorías para la
labor clínica (Bauleo, 1977, p. 15). Percia, Szyniak
y Herrera retomaban, en particular, una observación de Bauleo que señalaba la presencia naturali-
zada, en los discursos profesionales, de una lógica
de propiedad. El autor había señalado que el uso común entre psicoanalistas, psicoterapeutas y coordi-
nadores de grupo de expresiones como "mi pacien-
te" o "mi grupo" eran manifestaciones de asimetría

---

[17] El destacado es del original.

y autoritarismo en la escena clínica. Desde su perspectiva, esos modos de hablar no sólo evidenciaban pertenencia o identificación, sino que eran índices de la reproducción, en las prácticas clínicas, de un modelo social de apropiación y de dominio, en este caso bajo la forma de "saber-poder" (Percia *et al.*, 1986, p. 71).

En la misma dirección se inscribe lo que los autores retomaban de Pavlovsky (1971), que había diferenciado dos niveles escénicos que operan simultáneamente en una situación clínica. Por un lado, un primer nivel (escena 1) en el material de las sesiones correspondía al conjunto de producciones que "pasan por delante del terapeuta" y un segundo nivel (escena 2) con el que se aludía a aquello que involucra al terapeuta y al mismo tiempo se le escapa, "el conjunto de producciones que pasan por detrás del terapeuta y que lo incluyen" (Percia, *et al.*, 1986, p. 72). Pavlovsky, como también Marie Langer en un pasaje del prólogo de *Cuestionamos 1* (1971) que se cita en *Lo Grupal*, ubicaba en la institución familiar, y en la pertenencia de clase vinculada a ella, un elemento de análisis fundamental para no perder de vista cómo la escena clínica puede reproducir las condiciones del mundo social. En ese prólogo Marie Langer escribía que lo que *cuestionaban* era que el psicoanálisis oficial omitiera interrogar los modos en que

(...) la estructura de nuestra sociedad capitalista entra, a través de la familia, como cómplice en la causación de las neurosis, y en que se introduce, a través de nuestra pertenencia de clase, en nuestra práctica clínica, invade nuestro encuadre y distorsiona nuestros criterios de curación (Langer, 1971, p. 14, citado en Percia, *et al*, p. 68).

Por su parte Pavlovsky (1973) sostenía, siguiendo a David Cooper, que "una familia es una fábrica de gestos sociales (una fábrica de ideología)" (p. 195).[18] El dramaturgo encontraba en la función de *reproducción del conformismo* que Cooper (1971/1986) había otorgado a la familia como institución social, una orientación para su tarea clínica con adolescentes.

El punto fundamental aquí es el papel de la familia en cuanto inductora del conformismo, la normalidad mediante la socialización del niño. 'Criar a un

---

[18] "La poesía en psicoterapia", publicado inicialmente en *Cuestionamos 2* (1973), con el título "Los fantasmas en los grupos. La poesía en psicoterapia". Pavlosvky lo incluye luego en el libro *Clínica grupal* (1975) y se publica nuevamente en *Lo Grupal 2* (1985). Las páginas citadas corresponden a *Cuestionamos 2*.

*niño' equivale en la práctica a 'hundir'
a una persona. De la misma manera,
educar a alguien es llevarlo fuera y lejos
de sí mismo* (Cooper, 1971/1986, p. 13,
citado en Pavlovsky, 1973, p. 196).[19]

El fragmento de Cooper que cita Pavlosvky situaba por un lado a la familia como lugar de reproducción del conformismo y de "normalidad"; una normalidad que no hay que entender aquí en términos de salud y en oposición a enfermedad o anormalidad. Cooper pensaba que, en términos de "verdad de la vida", la oposición se presentaba entre la normalidad por un lado, entendida como "concepto estadístico", "el lastimoso destino de la mayor parte de nosotros", y salud *y* locura por otro: "La normalidad está lejos, en el polo opuesto no sólo de la locura sino también de la salud. La salud está cerca de la locura, pero entre ambas subsiste siempre una brecha, una diferencia decisiva" (Cooper, 1967/1985, p. 29). Pero no sólo eso, Pavlovsky (1973) también encontraba, en el *fuera y lejos de sí mismo* del pasaje de Cooper, una pista para plantear que, en los padecimientos que se viven como propiedades o atributos personales, hablan fantasmas ofrecidos por el mundo social. Así,

---

[19]El destacado es de Cooper.

por ejemplo, se refiere a un joven con el que había trabajado en la clínica grupal con adolescentes como "educado para ganar" y sostiene que el
"sí mismo" quedaba capturado por un "fantasma
de ganador". Lo interesante es que esa captura no
se piensa como un déficit o un síntoma personal
sino como un fantasma ofrecido por "la ideología
de clase dominante, que intenta reproducir en todo grupo las disociaciones habituales: explotador-
explotado; amo-esclavo; fuerte-débil, etcétera" (Pavlovsky, 1973, p. 206). El dramaturgo piensa los
padecimientos personales como personajes asfixian-
tes que se apoderan de una vida, como dramas que
existen en el mundo social antes de que alguien
preste la existencia para encarnarlos. Escribe: "En-
carnamos personajes de dramas que desconocemos,
somos inducidos a vivir dramas de otros (...) Estos personajes nos habitan, nos quitan libertad, nos
asfixian, son los moldes de nuestra infancia, son
los gestos aprendidos sin entender..." (pp. 196 y
198). En esa línea de pensamiento Pavlovsky (1973)
planteaba una orientación clínica que apuntara a la
localización de esos fantasmas para no reproducir-
los en la escena clínica y en la relación terapéutica:
"No sería improbable que como agentes de la autoridad, 'actuásemos nuestro Poder Terapéutico'" (p.
206).[20] El riesgo era reproducir en la escena tera-

---

[20] El destacado es del original.

péutica el modelo familiar: "Intentamos desestructurar un modelo familiar y recreamos otro. Intentamos desnudar una ideología y volvemos a padecerla. El grupo construye argumentos de una 'nueva familia'" (p. 207). Desde una concepción que sostenía que toda práctica es productora de ideología y que, en consecuencia, era ilusorio "pensar que cuando interpretamos lo hacemos desde 'afuera' del drama argumental" (p. 207), para Pavlovsky era oportuno preguntarse: "¿qué nueva fábrica de ideología estamos construyendo? ¿Qué nuevos valores estamos fabricando? ¿Qué nuevos fantasmas nos poseen?" (p. 207). Estas son las preguntas que, para el autor, era necesario sostener en relación con lo que llamó Escena 2.[21]

Ahora bien, ¿qué aspectos subrayaban los autores de *Lo Grupal* al retomar esos planteos de la década anterior? Se trataba de destacar fundamentalmente que en ellos se leía "una convicción ins-

---

[21] Habría que dejar situado que, junto a las ideas de Pichon-Rivière y Cooper, la corriente grupalista piensa la cuestión familiar, también con las lecturas de Horkheimer y Adorno sobre familia y sociedades autoritarias, con la obra *Psicología de masas del fascismo* de W. Reich. Lecturas a su vez afectadas por *Ideología y aparatos ideológicos de Estado* de Althusser. Por otro lado, la atención puesta en la familia desde la perspectiva clínica se nutrió no sólo de la clínica de las psicosis (Pichon, Cooper, Laing) sino también del desarrollo de la clínica con niños de Arminda Aberastury.

cripta en los *discursos críticos: en la interpretación interviene una relación con el poder y no sólo con el saber.* La interpretación es también una técnica de poder" (Percia *et al.*, 1986, p. 73).[22] No era posible entonces "*simular* ningún tipo de neutralidad" (p. 73). Encontraban en esas referencias la apertura, en el campo del psicoanálisis argentino, de la interrogación sobre el problema de la "violencia simbólica" (Bourdieu y Passeron, 1970/1998) en la situación clínica. Reconocían en esos desarrollos la importancia de haber problematizado —desde el "interior" podría decirse— el lugar del terapeuta y del psicoanalista como "una figura en la que se encuentra delegado el poder simbólico" (Percia *et al.*, 1986, p. 73). Consideraban, además, que la dimensión de violencia simbólica presente en la interpretación no había que entenderla como un uso inadecuado de una técnica que podría ser neutra, sino como "una actualización de las relaciones sociales de poder favorecida por el dispositivo técnico" (p. 73). Este aspecto del planteo remite sin duda a una dimensión ética, en la medida en que afirmaba la necesidad de sostener una posición de interrogación constante sobre los supuestos desde los que se piensa la tarea clínica. La posición que estos autores sostuvieron —y que marca la distancia que separaba a los psicoanalistas argentinos de

---

[22] El destacado es del original.

los planteos de Castel— queda bien sintetizada en un pasaje a propósito de los trabajos Bauleo y de Pavlosvky. En ellos —afirman— si "el analista no se disimula a sí mismo la relación que su práctica tiene con la problemática del poder", al mismo tiempo ese reconocimiento de un lugar como agente dotado de un poder-saber no disuelve la especificidad de la tarea clínica (72-73).[23]

Como se mencionó al comienzo del capítulo, la posición de los autores considerados aquí adquiere un interés particular. Siendo los escritores más jóvenes que participaron en la publicación *Lo Grupal*, ellos expresaron ciertos rasgos específicos de un sector más amplio de jóvenes intelectuales de los años 80. Una posición que puede pensarse como representativa de una franja de intelectuales argentinos que, en los primeros años de post-dictadura, tenían entre 30 y 40 años y que habían tenido participa-

---

[23]Para Castel (1973/1980) "Es precisamente porque el psicoanálisis no es meramente *una* ideología, y todavía menos una ideología *entre otras* (...), que es un incomparable sistema *productor* de ideología. Hay aquí una implicación decisiva para el destino histórico del psicoanálisis: dado que ocasiona simultáneamente otros efectos que no son 'ideológicos' (efecto de conocimiento de las estructuras del inconsciente, efectos prácticos respecto del deseo y la angustia, etc.), ha podido disimularse a sí mismo y ocultar (...) este impacto sociopolítico, que sin embargo afecta cada vez más a *su propio contenido*" (p. 9) (El destacado es del original).

ción más o menos directa en la militancia juvenil y universitaria en los años 70. Dos referencias en el artículo trabajado nos acercan algunas claves que orientaban esa escritura. La primera, el epígrafe de *Respiración artificial* de Ricardo Piglia (1980) al comienzo del texto: "Había llegado al más perfecto estado de desposesión al que un hombre puede aspirar: no tenía nada (...) Pues bien ¿qué me había llevado hasta aquí?". La segunda, una nota a pie de página que remite, para una reflexión sobre "la situación generacional" de los autores, a un artículo de Lucas Rubinich (1985): "Retrato de una generación ausente" publicado en *Punto de Vista* (Percia *et al.*, 1986, p. 56). Son indicios sobre las condiciones de esa recuperación de la cultura política de izquierda de las décadas anteriores, en los años de post-dictadura. Esas condiciones pueden sintetizarse en la sensación de fracaso y desposesión (Piglia), la decepción, el desconcierto, la falta de certezas, la crisis de modelos teóricos, la precariedad de los espacios públicos (Rubinich); en definitiva, las ruinas de una cultura de izquierda, la de los 60: la de los grandes sueños y la de las condiciones posibles para su realización. "No estamos en ese clima —escribía Rubinich— ni por los sueños que ellos pudieron soñar, ni por la situación concreta (...) no tenemos ahora la euforia de los años de la revolución cubana, ni el psicoanálisis, ni la sociología como elementos novedosos dentro del campo intelectual, no escribimos al amparo de la luz de Sartre, ni 'descubrimos' a Cortázar" (Rubinich, 1985, p. 44). Pero la posición que ellos sostuvieron no se reduce a la nostalgia de un tiempo perdido —aunque algunas notas puedan leerse en ese sentido— sino que aparece, en relación con ese pasado, "con la experiencia de los predecesores" a la que se refiere Rubinich, la necesidad de búsqueda de un proyecto y de una posición, que arrastraba, como reverberaciones de aquellos años, una fuerza crítica. Se lee en el final del epígrafe de Piglia citado en *Lo Grupal*: "la otra línea de pensamiento se dirigía digamos, hacia adelante. ¿Qué hacer? Pregunta peligrosa. Por de pronto pensar: único modo conocido por mí de no volverme loco".[24] Al final del texto de *Lo Grupal* se retoma la pregunta de Tardewski, el personaje de Piglia: "¿qué hacer?", a la que le sigue otra: "¿Cómo saltar el abismo?", para situar una posición clínica que pueda rodear el lugar de una utopía posible: pensar el diálogo clínico como una práctica social, un saber y una ética (Percia *et al.*, 1986, p, 77). En tiempos en los que la urgencia y lo provisorio impregnaban la vida social en la Argentina, la referencia a *lo grupal*, co-

---

[24]Percia recuerda algo que J. C. De Brasi solía decir en esos años: "en los tiempos que vivimos, pensar bien no es lo que cuenta, pensar es lo que importa" (Percia, 1989, p. 65).

mo búsqueda de otros modos posibles de trabajar en situaciones colectivas, expresaba el lugar de esa utopía.

CAPÍTULO 3

VIOLENCIA Y TRANSFORMACIÓN SOCIAL

Los hombres denominamos razón al conjunto de arbitrariedades cuya forma delirante (...) no ha sido sancionada como enfermiza sino que, contrariamente, la instituimos por vía de la convención en una forma cultural.

Gregorio Kaminsky (1990a)

La memoria es una hipótesis capaz de invocar un legado dormido, reactualizarlo y referir de una manera nueva los acontecimientos que parecen actuar en serie, separándolos, tratándolos uno a uno, para luego reenlazarlos de manera nueva, invencional...

...Pero aquella característica invencional, no es una invención sin resabios, sin rescoldos del pasado o retazos supervivientes reincorporados a nuevas relaciones vitales.

Horacio González (2014)

Lo Grupal (1983-1993) apuntó a promover, en los primeros años de post-dictadura, desde el campo del psicoanálisis y la psicología, en su apertura hacia la sociedad y la cultura, una reflexión que involucraba la interrogación sobre las relaciones entre dictadura y sociedad civil: entre formas de poder y

prácticas sociales, entre formas de violencia simbólica, autoritarismo y vida cotidiana. En este punto
conviene situar que algunos análisis de historia y
crítica cultural han señalado, respecto de los primeros años de "transición democrática", cierta esca-
sez de estudios que hayan aportado a una reflexión
sobre las vinculaciones generales de la dictadura
con la sociedad civil; sobre los efectos particulares del proceso dictatorial en las formas de vida,
en la convivencia social en los espacios cotidianos,
en las prácticas sociales y en los vínculos socio-
comunitarios.[1] Este diagnóstico sobre el ejercicio
de la crítica en los primeros años de post-dictadura
otorga mayor relevancia a las intervenciones que,
desde *Lo Grupal* (Pavlovsky, 1986; De Brasi, 1986,
1989; Percia, Herrera y Szyniak, 1986), se expresaron en ese sentido así como a los desarrollos conceptuales que apuntaron a problematizar esa dimensión cotidiana de la violencia. Dichos análisis

---

[1]Se trata de una apreciación general que no habría que
entender como una ausencia total de apuestas en esa dirección. Las intervenciones de León Rozitchner en los primeros
años de post-dictadura se encuentran entre las más significativas. Además, hay que considerar también los trabajos
de Alejandro Kaufman desde comienzos de la década del
90 y los de Gregorio Kaminsky. Su libro *Dispositivos institucionales. Democracia y autoritarismo en los problemas
institucionales* publicado en 1990 reúne artículos y ensayos
escritos entre 1985 y 1988.

subrayaron la preponderancia que adquirió, respecto de la memoria colectiva sobre lo acontecido en la historia reciente, la dimensión de la justicia por los crímenes cometidos y la condena de los ejecutores (Casullo, 1997; Kaufman, 1997, 2012abc; Vezzetti, 2002a). Alejandro Kaufman (1997, 2012b) destacó que ese plano, si bien ineludible, no agotaba la complejidad del trabajo de la memoria de lo acontecido. Puntualizó en ese sentido que la dimensión que involucraba los espacios y las acciones de la vida cotidiana se había sustraído, en gran medida por la complejidad de su abordaje, de los análisis relativos a la comprensión de las imbricaciones entre horror dictatorial y sociedad civil.

Por su parte, Nicolás Casullo (1997) consideró el mismo asunto a propósito de la posibilidad colectiva de un trabajo de la memoria sobre los años 60 y 70. Para Casullo el acto político más importante del período post-dictatorial, el juicio y condena de lo actuado por los responsables mayores de la dictadura, había llevado también a la absolución y el descompromiso de la sociedad en su conjunto respecto de ese pasado. Un compromiso social que el autor sitúa no sólo respecto de cierto consenso con el régimen dictatorial condensado en la idea de "arreglar el caos" sino respecto del compromiso anterior con "las grandes mayorías" en los 60 y los 70 (pp. 20-21). Desde su perspectiva hubo en esos años 80 de post-dictadura una "visión judicial hegemonizadora de la cuestión histórica" que obturó la discusión sobre políticas de la historia, enmudeció las narraciones sobre violencias, autoritarismos e intolerancias y promovió ideologías del olvido. Kaufman (1997, 2012a) llamó la atención sobre el mismo problema al señalar la insuficiencia, para "la experiencia política, ciudadana, vital", de la figura de la punición como único modelo de interpretación y de acción frente a lo acontecido. Con el término "paradigma punitivo" indicaba que la impunidad de los crímenes había derivado en su contrario: "el mal menor de la módica juridicidad cierra el horizonte a otras posibilidades, esperanzas o deseos. (...) Una trama de crímenes inasible, por omnipresente, con sus complicidades, consentimientos y distracciones, ha terminado por alimentar el *paradigma punitivo* (Kaufman, 1997, p. 59).

Hugo Vezzetti (2002a) planteó, respecto de la relación entre dictadura y sociedad civil, que la representación social del Juicio como "rectificación de un poder omnímodo de los victimarios" y de la figura central que, en consecuencia, adquiría la figura de las víctimas, había convocado a la sociedad en su conjunto a una posición de "espectadora horrorizada de acontecimientos que parecían ocurridos en otro lugar" (p. 38). Estimó que esa configuración había contribuido a invisibilizar una dimensión de la memoria social que involucraba a la sociedad civil. Si por una parte no se trataba de concebir a "la sociedad" como un conjunto homogéneo o un actor social unificado e imputarle en consecuencia una culpa generalizada, sí era necesario sin embargo abrir una reflexión que incorporara a la sociedad civil en tanto "actores colectivos visibles"; actores políticos, pero también económicos, profesionales, periodísticos, con identidades y tradiciones, con sus organizaciones y legitimidades, con sus autonomías relativas (p. 38). En el mismo sentido Oscar Terán (2008) se refirió al apoyo no sólo pasivo sino activamente receptor que el estado dictatorial recibió entre diversos sectores sociales: partidos políticos, jerarcas de la iglesia católica, empresarios, sindicatos de trabajadores, periodistas, medios de comunicación e intelectuales (p. 295).[2]

Si la dictadura argentina no se trató de un poder descargado verticalmente sobre la sociedad desde una cúpula despótica (Kaminsky, 1990; Vezze-

---

[2]El reciente libro de Carassai (2013) constituye un aporte de importancia para un análisis de las formas en que "la clase media no militante" vivió y se representó lo acontecido en el período de violencia política y represión. Uno de los aspectos más destacados de su trabajo es el modo en que contribuye a visualizar la estrecha relación de los imaginarios sociales de ese sector social con los mensajes y discursos que circulaban en los medios masivos de comunicación de ese tiempo.

tti, 2002a; Terán, 2008), la pregunta que cobra relevancia es de qué modo pensar y problematizar la vinculación entre el proceso dictatorial y la presencia en la vida cotidiana de rasgos de autoritarismo e intolerancia. Kaminsky (1990) lo planteó en aquellos años en forma contundente: "Es una ilusión pensar que las alteraciones psicosociales desaparecen con la restauración de los procesos democráticos", puesto que "lo autoritario anida e incuba en el seno de las sociedades civiles" (pp. 133-134).

Vezzetti (2002a) consideró esa relación en términos de "estimulación" de autoritarismos en la vida corriente "desde diversas posiciones microsociales de mando, en escuelas, oficinas, fábricas, pero también en la familia y los medios de comunicación" (pp. 47-48). A partir de una afirmación de Guillermo O'Donnell: para que ocurriera lo que ocurrió fue necesaria "una sociedad que se patrulló a sí misma" (p. 48), Vezzetti enfatizó, junto al terror estatal planificado, la presencia de una dimensión cotidiana de la dominación: el disciplinamiento social y cultural y el cierre de la escena pública. Desde su perspectiva, la privatización de las condiciones de vida en detrimento de los vínculos socio-comunitarios habría sido expresión de la instalación de una cultura generalizada del miedo. A la manera de un síntoma del cuerpo social, pensó el repliegue en la vida privada, el refuerzo del lugar de la familia o del grupo cerrado, la desconfianza y el retiro respecto de la escena social como "una formación de compromiso que reunía el anhelo de seguridad con los efectos de la intervención coercitiva y restrictiva que rompía los lazos sociales" (p. 52).

3.1 *Lo grupal* como micropolítica

Si en los años de transición democrática se sitúan el resurgimiento de las libertades públicas y la resignificación del acontecimiento democrático en la sociedad civil, ese tiempo fue también el de la emergencia, en ciertos sectores del campo intelectual —entre los que hay que ubicar al núcleo de autores de *Lo Grupal*—, de una serie de preocupaciones vinculadas a la memoria y elaboración de lo acontecido. Como lo planteaba Kaminsky (1990, pp. 130-133) se advertía, en el mismo movimiento de retorno democrático, la profundidad y alcances de estrategias autoritarias diseminadas en los espacios de la vida cotidiana, en las instituciones, en los imaginarios sociales.

Uno de los aportes principales de *Lo Grupal* fue entonces su contribución en esos años a la reflexión sobre el problema de las formas de violencia y autoritarismo en las prácticas clínicas, en las instituciones y los grupos. Esta reflexión conectó la interrogación sobre las formas de concebir las prácticas (clínicas, comunitarias, pedagógicas, de formación) y la revisión de los modelos grupales heredados, con la preocupación por pensar las condiciones subjetivas de ese tiempo: las formas de vida en los espacios cotidianos, en la familia y en los ámbitos comunitarios de la salud, la educación y el trabajo.

La posición que se manifestó desde este sector del campo intelectual del psicoanálisis, en su apertura hacia la cultura y la sociedad, se inscribe en dos dimensiones. Por un lado intervenía en una dimensión disciplinar, a través de la insistencia en una reflexión inaugurada en los 60 y comienzos de los 70 en torno de las relaciones entre psicoanálisis y política, entre instituciones, ideología y poder. Pero al mismo tiempo, estos planteos apuntaban a una dimensión que involucraba la memoria social. En lo relativo a la situación del campo disciplinar, hay que agregar que la centralidad que adquirió el tratamiento de estos temas en *Lo Grupal* contrasta con el panorama más general del psicoanálisis en esos años, o al menos con el modo en que ese panorama era analizado por Hugo Vezzetti desde la revista *Punto de Vista* a tres años de la recuperación democrática. Desde un posicionamiento en cierto modo estratégico, que combinaba su pertenencia al campo disciplinar del psicoanálisis con sus

estudios de historia crítica, Vezzetti (1986) realizó
una serie de observaciones que apuntaron a cuestionar la posición prevaleciente en los discursos del
psicoanálisis en ese tiempo. En particular, le intere-
saba interrogar los nexos entre la configuración que
observaba en el campo disciplinar y las tradiciones
que, desde el psicoanálisis, habían participado del
debate intelectual en los años 70. En contraposición a las tradiciones que en aquellos años conectaban saberes provenientes del psicoanálisis con perspectivas de las ciencias sociales y políticas, que se
planteaban intervenir en una crítica de los modos
de dominación y su anclaje en las instituciones, que
interrogaban el papel de la ideología en las condiciones subjetivas; el autor caracterizó el campo del
psicoanálisis —al promediar la década del 80— como marcado en forma predominante por rasgos de
repliegue sobre sí mismo, de aislamiento y de autosuficiencia (Vezzetti, 1986, pp. 5-6). Advertía que
los trabajos de psicología y de psicoanálisis dedi-
cados a indagar los efectos de la dictadura sobre
la "subjetividad social" se caracterizaban por "la
ausencia de referencias a cualquier propósito de reconstrucción histórica a nivel colectivo" (pp. 7-8).
Según su perspectiva, esa ausencia se vinculaba a
la utilización exclusiva, por parte de psicólogos y
psicoanalistas, de categorías tradicionales de análisis. La limitación de esos enfoques, que no amplia-

ban su horizonte conceptual con herramientas de
las ciencias sociales, se evidenciaba para Vezzetti
en la incapacidad de advertir un arraigo de lo autoritario extendido en el terreno de lo imaginario
social (en términos de Castoriadis) que no se redu-
cía al imaginario del terror, sino que se apoyaba en
valores con anclaje en amplios sectores de la sociedad. Entre dichos valores destaca: el orden frente
al caos, el patriotismo y el mito del "ser nacional"
frente al fantasma de la desintegración nacional, las
esencias argentinas amenazadas por lo extraño (lo
no familiar), el restablecimiento de las jerarquías
y de principios de autoridad en espacios diversos
de la sociedad, y en especial el lugar de la familia como núcleo disciplinario primordial que debía
reconstruirse. El escenario disciplinar que presentaba Vezzetti aporta un cierto marco para poner
en perspectiva lo que en ese tiempo se escribía en
Lo Grupal. La voluntad de "recuperar un horizonte
político" (Percia y Herrera 1987, p. 16) habla de
una insistencia que apuntaba no sólo a recuperar
las coordenadas de un debate que, en las dos décadas anteriores, habían tenido en su horizonte las
ideas de compromiso, responsabilidad social y una
transformación social como posible. Esa intención
se proponía también problematizar las condiciones
de vida en el nuevo escenario social y diseñar, en
consecuencia, modos posibles de trabajo colectivo.

Percia (1989) lo plantea, en *Lo Grupal 7*, en estos términos:

> *¿hay alguna forma de revivir en nues-*
> *tra labor actual las intenciones de los*
> *sesenta-setenta, o tenemos que recono-*
> *cer que el mundo ha cambiado mucho y*
> *que cualquier deseo de promover justi-*
> *cia o felicidad entre los hombres es una*
> *causa perdida?* (p. 79).

En particular, la cuestión de "lo grupal" condensó la apuesta de este grupo de autores en una insistencia y una ética: la certidumbre en que lo colectivo guarda una potencia de transformación social. Una potencia herida y replegada que era necesario repensar en otras circunstancias. Lo ocurrido en la historia reciente implicaba que esa certidumbre era quizás para estos autores el único punto donde apoyarse. Al respecto una expresión de De Brasi sobre aquellos años es significativa: la única clave era "procesar lo que estaba aconteciendo mediante lo ocurrido" (De Brasi, 2007, p. 110). Se requería construir lugares de pertenencia, apelar a la construcción de nuevos lectores, volver a pensar las instituciones y diseñar espacios micropolíticos, replantear el lugar del compromiso, revisar los modelos conceptuales e instrumentales disponibles.

De Brasi (1986) se refiere, en el prólogo del tercer volumen, a *lo grupal* como "metáfora vigente de lo reprimido" (p. 9):

> *Erradicados de los usos terapéuticos y servicios sociales durante un período genocida, fueron calificados desde "obscenos" hasta "máquinas sospechosas". La embestida contra los grupos formó parte de un ataque programado a la solidaridad, al tejido conjuntivo de la sociedad civil. A la disolución de una, continuó el aniquilamiento de los otros. La represión a los mismos se transformó en "repulsión", de igual modo que sus diferencias se convirtieron en "deficiencias" (teóricas o vivenciales), en el imaginario de variados núcleos profesionales* (De Brasi, 1986, p. 9).

Es claro que si el tratamiento de *lo grupal* se orientó en esta publicación hacia el desarrollo de aspectos teóricos, clínicos y disciplinares, esas elaboraciones eran impulsadas por preocupaciones y urgencias que emergían de la escena social. Es este aspecto del proyecto de *Lo Grupal* lo que lleva a situarlo como un gesto de resistencia cultural en esos años: la referencia a *lo grupal* y el abordaje de las condiciones históricas de producción de subjetividad era un modo de señalar: primero, que lo acontecido en términos de violencia física, secuestros y desapariciones de personas evidentemente había afectado la trama del tejido social de formas impensadas. Segundo, que los dispositivos de violencia psicosocial se tramaban también en *micrológicas*: en el lenguaje, los gestos, los rituales, las ceremonias cotidianas, las ilusiones y los deseos. Tercero, que era tarea de los profesionales y de los intelectuales problematizar y diseñar estrategias orientadas a visibilizar y desmontar esos dispositivos. Se lee en *Lo Grupal 3*:

> *¿De qué modo esta fractura de la historia marcó nuestra subjetividad? ¿Cómo quedó afectada la trama de las experiencias cotidianas: el amor, la pareja, la familia, el trabajo, el lugar social como psicoterapeutas, la oportunidad del placer? (...) Luego de lo vivido en los últimos años, ¿la escena clínica puede estar ajena a las relaciones sociales de autoridad?* (Percia, Herrera, Szyniak 1986, p. 56).

La cuestión del profesionalismo

Uno de los temas que mejor refleja la apuesta política e intelectual de este grupo por visibilizar e intervenir en las formas de violencia en los espacios cotidianos de las prácticas sociales es la crítica que realizaron al profesionalismo. En *Lo Grupal,* la interrogación por la situación de las propias prácticas implicó una crítica a la tendencia creciente hacia el profesionalismo y la especialización, en detrimento de una posición intelectual de crítica social. Para Pavlovsky, uno de los motivos más importantes de la iniciativa de la publicación era la resistencia frente a la ausencia de transmisión de un saber articulador entre el psicoanálisis y la problemática social (en tanto develamiento de las estructuras de poder social y sus formas de dominación) a las nuevas generaciones de estudiantes (Pavlovsky 1986, pp. 15-16). De Brasi (1986) se refirió, en sus "Apreciaciones sobre la violencia simbólica, la identidad y el poder", a los modelos normativos que conformaban las identidades e idealizaciones profesionales —los imaginarios profesionales— como formas condensadas de violencia simbólica. Lejos de la figura del intelectual como crítico de la sociedad, lo que parecía ganar cada vez más terreno en esos años era una figura del profesional comandada por lógicas propietarias del éxito personal (conocimientos y reconocimientos, espacios institucionales, benefi-

cios de distinta índole, incluso beneficios de deri-
vación de pacientes) (p. 50). Gregorio Kaminsky
(1990a) situaba los imaginarios profesionales: esos
lugares hacia los cuales los actores sociales "conducen o desean conducir sus fuerzas y energías" (p.
18), como elemento clave de los *dispositivos institucionales*. Si bien consideraba que toda institución, entendida como condensación de lo subjetivo
y lo social, es constitutivamente un dispositivo de
violencia psicosocial, piensa la especificidad de las
instituciones argentinas en esos años como "canteras de autoritarismo". Sugería una inquietante relación: los territorios que en la historia reciente habían sido dominios del terror, eran ahora dominio
de la especialización y la profesionalización.[3]

Percia (1989) observaba una escisión creciente,
durante la década del 80, entre el territorio de las
prácticas *psi* y la memoria de "las conmociones vi-
vidas por la sensibilidad de la intelectualidad crítica". Desde su perspectiva, el alcance de esa crisis

---

[3] Los aportes de Gregorio Kaminsky a la reflexión de
estos problemas se incluyen como fuente primaria de esta
tesis. Esto responde a la cercanía de Kaminsky con el contexto de producción de *Lo Grupal*. Y, si bien no es autor
de trabajos en la publicación, sí es citado y referido por algunos de sus autores. De su trabajo sobre los "dispositivos
institucionales" surge, algunos años después, su aplicación a
los "dispositivos grupales" de Ana María Fernández y Ana
María del Cueto (1985).

no se podía visualizar del todo en esos ámbitos, como si faltara un registro de las conexiones que, en las dos décadas anteriores, se habían tramado entre el deseo de transformación social y las prácticas en salud (p. 80). Advertía en ese sentido el predominio de una actitud profesionalista que vinculaba a "la pérdida de una intención transformadora" y al "desencanto con una perspectiva del intelectual como crítico de la sociedad" (p. 81). Conjeturaba motivos para esa tendencia. Podía tratarse de una especie de reacción vinculada a la exaltación de la función social del intelectual (y del terapeuta) propia de las décadas previas y que amenazaba con la disolución de la especificidad profesional. Podía ser pensado también como una de las expresiones del triunfo silencioso frente a luchas perdidas: la indiferencia como efecto de la instalación de la creencia en que los problemas de la trasformación social no son de incumbencia en la actividad profesional (p.81).

La problemática de la violencia en las prácticas sociales

La producción de *Lo Grupal* estuvo en este sentido impulsada por una urgencia: la de interrogar los modos imperceptibles del poder y la violencia presentes en las prácticas clínicas y sociales: en los espacios institucionales y grupales, en los discursos científicos y profesionales, pero también en las innumerables situaciones cotidianas.

Como trasfondo de estas inquietudes hay que situar un cierto clima, en el campo intelectual argentino, afectado tanto por las derivaciones en el ámbito local de la crisis del socialismo "real" en la intelectualidad de izquierda europea de esos años como por el desencanto con la revolución cubana, el guevarismo, el peronismo y las guerrillas urbanas (tupamaros y montoneros) y rurales en América Latina.

La búsqueda de referencias que pudieran pensar un *estar en común*, y que evitaran reproducir las violencias identitarias y unificadoras de "lo común", el cuestionamiento de De Brasi a la oposición simplificadora entre "violencia revolucionaria" y "violencia conservadora" para resolver la complejidad de las relaciones entre violencia y transformación, el lugar central que tuvo la concepción inmanente del poder que estos planteos retoman de Foucault (1976/2006) son índices de esas derivaciones. En uno de los pasajes más significativos en esta dirección, Juan Carlos de Brasi (1989) afirmaba, en *Lo Grupal 7*, la necesidad de abrir una reflexión sobre la violencia en el análisis de producción de subjetividad (p. 40). Subrayaba la necesidad de problematizar e intervenir sobre las modalidades subjetivas que se habían producido durante la dic-

tadura militar en los espacios públicos e institucionales "con su mentalidad de saqueo, arbitrariedad
y feudalidad" (p. 12) y sobre las formas de naturalización de esas "variaciones subjetivas".[4] Se ponía
el acento en la dimensión colectiva que esa elaboración requería, en la posibilidad de un "pensar en
común" la complejidad de las relaciones entre violencia y transformación social. *Pensar en común*
que se distanciaba de representaciones unificadas
de grupo para aproximarse hacia la posibilidad de
"poder hacer con los demás" (De Brasi, 1989, p.
25).

De Brasi indicaba una forma de concebir *lo grupal* como lo *singularmente colectivo*. Lo común y a
la vez singular se desplazaba de ideas totalizadoras
como individuo, grupo y sociedad y de concepciones
basadas en identidades de conjunto: permitía situar
una dimensión de alteridad ineludible en la idea de
lo grupal. La figura del *otro aniquilado* a la que
se refirió el autor condensaba, entonces, la necesidad de revisar los modos de concebir subjetividad
y grupalidad en los modelos grupales disponibles

---

[4] Dos escritos de Juan Carlos De Brasi en *Lo Grupal,*
tienen en el centro de sus desarrollos la problemática de
la violencia: "Apreciaciones sobre la violencia simbólica, la
identidad y el poder", escrito en 1982, en el exilio, y publicado en *Lo Grupal 3* (1986) y "Violencia y transformación.
Laberintos grupales e institucionales en lo social-histórico",
publicado en *Lo Grupal 7* (1989).

y las preocupaciones vinculadas a lo acontecido en la historia reciente. El autor pensó la transformación posible como una necesidad de sostener una posición que apuntara a revertir, lenta y progresivamente, tal vez a advertir para resistir, sin caer en ilusiones de poder anular a corto plazo, lo que consideraba un escenario marcado por una "violencia fundamental" (p. 26).

> *Las formaciones sociales en que estamos inmersos requieren ser cambiadas; lentamente la imagen aniquilada del otro debe ofrecernos algún trazo que indique su existencia; el balbuceo lanzado al azar debe prefigurar un interlocutor posible; la reconstrucción de la sociedad civil se torna un imperativo* (p. 25).

Sostenía que se requería una práctica compleja de consolidación de los vínculos socio-comunitarios. Prácticas de consolidación entendidas no como cristalización de lo consolidado, sino como lucha instituyente sostenida, como realizaciones (un "realizar-realizando") que, desde los agentes mismos, apunten a afirmar el espacio social donde se actúa, como un trabajo incesante de conciencia social sobre lo que podrían ser procesos de participación y de convivencia en ese tiempo (p. 26). Señala indicios que podrían orientar ese *estar* en común: "Posibilitar condiciones de individuación crecientes, impulsar potencialidades creativas, recuperar mitos vitales, criticar imaginerías de muerte, anudar valores deshilvanados, combatir carencias esenciales, entronizar infinitos modos de solidaridad" (pp. 25-26).

Desde una perspectiva cercana, Kaminsky (1990a) explicitó que era necesario pensar la restauración del proceso democrático desde una concepción inmanente que articule "lo estatal con lo social" y evite las teorías de la "represión social" que resultaban inadecuadas para un análisis del problema de la violencia ligada a la producción de subjetividad. En ese sentido, la referencia a la producción de subjetividad posibilitaba situar aquello que la concepción de represión social no permite pensar. Como explica Kaminsky (1990a), el problema de la represión social es que se sostiene en ideas de dominación y libertad absolutas; necesita en su horizonte una sociedad ideal cuyos fenómenos represivos serían exógenos y extraños a ella. Proyecta y sostiene que, superada la represión y los autoritarismos, advendría la libertad (p. 134). A diferencia de esa concepción ideal, una concepción de lo social "como campo antagónico de fuerzas inmanentes" posibilitaba, para el caso argentino, no caer en lecturas basadas en la escisión entre "un estado autoritario 'desintegrador'" y "una sociedad civil inerme y amenazada" (p. 138). Así, el autor piensa el cuerpo social habitado tanto por lo autoritario como por las aspiraciones democráticas, libertarias y de deseos de justicia social (p. 133). Si los procesos represivos no "caen del cielo" del estado hacia la sociedad civil como si ésta fuera víctima de una catástrofe natural sino que se configuran mediante un conjunto diversificado de prácticas y valores autoritarios, era ineludible, en las nuevas condiciones, abrir reflexiones orientadas a visualizar las formas en que "lo autoritario" habitaba el cuerpo mismo de la sociedad civil.[5]

De Brasi (1989) también sostiene una concepción inmanente de la violencia para pensar nuestras formaciones sociales. La violencia y el poder no "atraviesan" la sociedad (los cuerpos, las existencias, la vida en común) como algo que viene de un exterior; piensa que las nuestras son "sociedades *para* la violencia".[6] Las ideas de violencia y de violencia simbólica (en las prácticas discursivas) están implicadas en la misma definición de "sociedad" o "formación social" que utilizamos (p. 23). Si las so-

---

[5]Hay que recordar aquí una serie de acontecimientos que, desde la caída del gobierno democrático de Perón con los bombardeos a civiles del 55 y los años dictatoriales que siguieron, configuran una topografía de las violencias políticas que culminan en el alzamiento conocido como el Cordobazo.

[6]Véase la observación sobre la idea de atravesamiento para pensar lo social histórico en relación con la noción de lo grupal. *Supra*, p. 18.

ciedades en que vivimos son paradigmas de antagonismos, cortes y desigualdades básicas, éstos se
expresan en infinidad de ramificaciones, en relaciones de fuerzas contradictorias, en tensiones y luchas
diversas (p. 22).

Junto a las lecturas de Foucault, la recepción de
nociones del análisis institucional francés inaugura-
do por Félix Guattari y continuado por otros autores (Lourau, Lapassade) —como la noción de transversalidad o la distinción entre grupos sometidos y
grupos sujeto—, son claves con las que los autores considerados (De Brasi, Pavlovsky, Kaminsky)
abordaron el problema de las formas de violencia y
autoritarismo en los grupos y las instituciones. Según De Brasi (1986) la noción de "proceso de transversalidad" posibilitaba desplazar el problema desde las relaciones intersubjetivas hacia el fenómeno
institucional, las multiplicidades excéntricas, la di-
seminación de flujos y los variados antagonismos
sociales presentes en las situaciones clínicas o en
las experiencias de aprendizaje.

Kaminsky (1990a) trabajó la distinción de Guattari entre "grupos sometidos" y "grupos sujetos"
para pensar las condiciones de vida en las instituciones, para situar modos diversos de habitar los
espacios cotidianos. Pensó los grupos como confi-
guraciones privilegiadas a través de las cuales se
hace posible interrogar esas condiciones de exis-

tencia social (p. 10). Esa distinción, que Guattari
(1972/1976) esquematizó provisoriamente con estos dos polos de referencia, considerados como dos
posiciones en las que puede oscilar cualquier grupo,
alude a formas de habitar las prácticas institucionales, a modos de enunciación, de relación con las
jerarquías y las reglas, de vinculación con la representación de sí mismo como grupo, a la posibilidad
de deslizamiento de sentido y al proyecto sostenido
en prácticas concretas (pp. 95-96). Con estas referencias, que cuestionaban la "dinámica de grupos"
y la fijeza del análisis de roles, Guattari apuntaba a pensar modos imaginarios que habitan en los
grupos o "corporizaciones imaginarias" que los habitan. Así, mientras la expresión "grupos sujetos"
nombraba la posibilidad de tomar la palabra, de
enunciar algo, de cuestionar lo establecido, la apertura hacia un más allá del grupo centrado en sí
mismo; "grupos sometidos" nombraba el estado de
encierro del grupo en un sí mismo, la captura de las
posibilidades de movimiento por el sometimiento.
Eficacia, organización, prestigio, reconocimiento, o
también incapacidad, no calificación, etc. son algunas de las formas que podría tomar el sometimiento
(p. 97).

Kaminsky (1990a) retoma la distinción de Guattari y la aproxima a otras referencias que intentan
rodear el mismo problema, como hablante-hablado

e instituido-instituyente. Mientras que el grupo en posición de sometimiento es hablado por las consignas instituidas y es soporte de la jerarquización institucional (verticalidad), el grupo sujeto tiende a un desprendimiento de lo establecido (p. 10). Advierte, por otra parte, que no conviene asociar rápidamente "grupo sujeto", lo hablante o lo instituyente en un grupo con "los rebeldes", puesto que estos pueden ser otra forma de lo instituido.

Potencia de la polifonía, capacidad imaginante (Kaminsky), capacidad crítica, discordancia creativa (De Brasi) se piensan en estas producciones como nombres de lo posible, como modos de enunciación colectiva desprendidos de figuras del sometimiento; remiten, además, a la idea de "transversalidad" (Guattari) que insiste en estas formulaciones. Guattari (1972) propuso el concepto de transversalidad en lugar de la idea de "transferencia institucional". Se refirió a ella en oposición a verticalidad y horizontalidad. El "coeficiente de transversalidad" es un modo de nombrar "el grado de ceguera" en situaciones institucionales (pp. 100-101).

La referencia a la transversalidad posibilitaba para De Brasi (1986) abordar el problema del poder y sus efectos de violencia en términos acordes a las complejidades y multiplicidades en juego en las distintas situaciones (clínicas, terapéuticas, de formación o aprendizaje). *Transversalidad*, como lo había planteado Guattari, evitaba caer en la oposición verticalidad/horizontalidad. De Brasi retoma este aspecto para mostrar que la inversión desde la "verticalidad" hacia la "horizontalidad" se sostiene en una ilusión de liberación. Si las relaciones de verticalidad implican formas de dominio asimétricas y las relaciones de horizontalidad suponen modelos igualitarios y participativos; la inversión de una hacia la otra, si bien cuestiona la forma de distribución del poder, no permite sin embargo atender los focos de producción de poder (De Brasi, 1986, pp. 40-41). El planteo de De Brasi recuerda la posición de Foucault (1976/2006, 1984) cuando, a propósito de la sexualidad, distingue "prácticas de libertad" de una idea de "la liberación". La ilusión que señala De Brasi consiste en suponer que podrían producirse transformaciones radicales en un ámbito específico a través de una inversión que liberaría las relaciones de las "ataduras tradicionales" basadas en modelos jerárquicos. La apelación a la horizontalidad supone que el poder se reduce a una relación vertical; por ejemplo, implica suponer que el analista, el profesor, el coordinador "detentan exclusivamente la capacidad de manipular" (De Brasi, 1986, p. 42). Sugiere que, antes que una liberación, la pretendida inversión sería una denegación: *hacer como si* las formas de dominación hubieran desaparecido mediante disposiciones voluntaristas.

3.2 *Lo grupal* no son los grupos ni los dispositivos

El concepto de *dispositivo*, que introdujo en los años 70 una importante novedad teórica para abordar la problemática del poder, ha ido tomando sentidos y usos diversos que, en muchos casos, anularon su interés y su relevancia. El caso de los ámbitos de la psicología y del psicoanálisis es un claro ejemplo de la proliferación de ese tipo de usos. Es habitual escuchar en esos ámbitos expresiones como "dispositivo institucional", "dispositivo grupal", "dispositivo psicoanalítico", "dispositivo pedagógico" o, simplemente, "el dispositivo". Es evidente, sin embargo, que estos usos del término se han alejado cada vez más de la complejidad de la noción formulada por Foucault (1976/2006) y retomada por otros autores (Agamben, 2011; Deleuze, 1986/2005, 1990ab; Deleuze y Guattari, 1975/1990; Esposito, 2007/2009, 2011). Se advierte asimismo que dichos usos tampoco se articulan a las recepciones y lecturas que se hicieron del término en el ámbito argentino para problematizar las prácticas sociales (De Brasi, 2007, 2012; Kaminsky, 1990; Percia 2004, 2010; Kaufman, 1997, 2012c).

Si se relevan los significados más frecuentes de estos usos, se observa que se lo emplea generalmente para aludir al encuadre, es decir, como delimitación de una tarea a realizar en un tiempo y espacio prefijados. O como equivalente de técnica en el sentido de mecanismo o artificio para producir una acción prevista, como instrumento útil con miras a una meta, como conjunto de procedimientos de los que se sirve una disciplina de saber o un grupo profesional. Como lo han sugerido algunos de sus autores en entrevistas recientes, el problema de los usos del término y sus implicancias en los modos de pensar las prácticas sociales fue un asunto de problematización en el contexto mismo de producción de *Lo Grupal* (Percia, 2011; De Brasi, 2012). Percia (2004) realizó una observación interesante al respecto:

> *El uso frecuente del vocablo* dispositivo *suele borrar la potencia inicial que esa palabra tuvo en la obra foucaultiana. Puede convertirse en, lo que ya casi es, un equivalente disimulado de la idea de* técnica. Dispositivos de poder *son modos de producción de significación. Formas de naturalización de definiciones sociales (de normalidad, de salud, de locura). Suelen ser máquinas de control, examen, inspección. Territorios in-*

concientes de institucionalización de los
sujetos sociales (p. 129).

Por su parte, Juan Carlos De Brasi destacó,
en una entrevista reciente, que el término fue muchas veces mal entendido en las producciones locales y que, como consecuencia, su importancia quedó
eclipsada en un uso instrumental. Afirma que en la
expresión "dispositivo grupal" queda de manifiesto este empleo en el sentido de un "instrumento".[7]
Para De Brasi el concepto de *dispositivo* tanto en
Foucault como en Deleuze fue una referencia que
sirvió para pensar modos de subjetivación despren-
diéndose de los conceptos tradicionales de sujeto,
persona o individuo. Los dispositivos serían entonces "formas de individuación y formas de subjetivación, ya no enunciados sociales ni lingüísticos ni
personales, sino formas de enunciación colectiva"
(De Brasi, 2012).

Sobre la noción de dispositivo

Foucault destacó a propósito del "dispositivo de
sexualidad" su carácter de *producción histórica* y
su relación con estrategias de poder y de saber.

---

[7] Se lee en *El dispositivo grupal:* "Tiempo, espacio, número de personas y objetivo, conforman un *dispositivo*"
(Fernández y Del Cueto, 1985, p. 18). El destacado es del
original.

Piensa su conformación como una red superficial de elementos heterogéneos que incluye tanto "lo dicho" como "lo no-dicho": "discursos, instituciones, planificaciones arquitectónicas, decisiones reglamentarias, leyes, medidas administrativas, enunciados científicos, proposiciones filosóficas, morales" (Foucault, 1977, p. 128). Por su parte, Giorgio Agamben (2011), al retomar la noción foucaultiana, pone el acento en la dimensión de "captura" del dispositivo. Sostiene que, en el pensamiento de Foucault, el término no se reduce a una tecnología de poder, sino que se refiere a "todo aquello que tiene, de una manera u otra, la capacidad de capturar, orientar, determinar, interceptar, modelar, controlar y asegurar los gestos, las conductas, las opiniones y los discursos de los seres vivos" (p. 257).

La condición de *producción histórica* del dispositivo destacada por Foucault suele pasar inadvertida. Los elementos que, según el autor, conforman un dispositivo se presentan como del orden de lo "natural". Este aspecto fue destacado por Esposito (2007/2009, 2011) a propósito de su investigación sobre lo que llamó el "dispositivo de la persona". Esposito mostró la historicidad del *dispositivo de la persona* a la vez que situó, como líneas de ruptura o focos de resistencia, las figuras del "pensamiento de lo impersonal" en la filosofía contemporánea: lo neutro (M. Blanchot), la justicia (S. Weil), la vida como acontecimiento o pliegue (G. Deleuze) y como exterioridad o afuera (M. Foucault).

Poderes en los dispositivos: captura y resistencia

Ahora bien, si se atiende el modo en que Foucault (1976/2006) piensa los modos de distribución de poder en los dispositivos, se advierte que el término *dispositivo* transporta una tensión entre el poder y los puntos, líneas o focos de resistencia. La pregunta por el dispositivo implica entonces la reflexión sobre las formas de captura de la vida y también la localización de sus márgenes. Foucault piensa el poder en los dispositivos como entramado de múltiples relaciones de fuerza: "donde hay poder, hay resistencia" (p. 116). No hay que concebir el poder como un punto central o foco único, propiedad de algunos, es decir como distribuido entre dominados y dominadores, sino como "la multiplicidad de las relaciones de fuerza inmanentes y propias del dominio en que se ejercen" (p. 112). Entender las relaciones de poder como inmanentes implica que ellas no se encuentran "en posición de exterioridad respecto de otros tipos de relaciones (económicas, de conocimiento, amorosas), (...) sino que desempeñan, allí en donde actúan, un papel directamente productor" (p. 114). Siempre locales e inestables, dichas relaciones "se producen a cada instante, en todos los puntos, o más bien en toda relación de un punto con otro" (p. 113). Para Foucault, las cristalizaciones del poder en las hegemonías sociales, lo que el poder tiene de permanente, de inerte, de repetitivo, "no es más que el efecto de conjunto que se dibuja a partir de todas esas movilidades, el encadenamiento que se apoya en cada una de ellas y trata de fijarlas" (p. 113).

Los dispositivos como diagramas

Deleuze (1986) propone una lectura del concepto foucaultiano que introduce ciertas precisiones. En su libro *Foucault* desarrolla una distinción entre *dispositivos o agenciamientos concretos* y *diagrama o máquina abstracta*. Los agenciamientos concretos o máquinas concretas son los que ponen en contacto dos formas irreductibles entre sí, las formas de lo visible o *forma de contenido* y las formas de lo enunciable o *forma de expresión*. Por ejemplo, en el caso del "medio carcelario", la prisión y el prisionero conforman lo visible, un régimen de luz; el derecho penal como régimen de lenguaje, conforma lo enunciable en materia criminal. Deleuze afirma que para los agenciamientos concretos Foucault reserva con frecuencia el nombre de *dispositivos*. Por otro lado el diagrama, que Deleuze llama también *mapa* o *cartografía*, designa la dimensión *informal* (*materia-función pura*) o *máqui-*

na abstracta. El diagrama se extiende por todo el campo social.

> *Hemos visto que las relaciones de fuerza, o de poder, eran microfísicas, estratégicas, multipuntuales, difusas, que determinaban singularidades y constituían funciones puras. El diagrama o la máquina abstracta es el mapa de las relaciones de fuerzas, mapa de densidad, de intensidad, y que en cada instante pasa por cualquier punto, o 'más bien en toda relación de un punto con otro'*
> (Deleuze, 1986/2005, p. 63).

Para el caso del "Panoptismo", Deleuze (1986) distingue, a propósito de los desarrollos de Foucault, dos modos de referirse a él: como un agenciamiento óptico concreto que caracteriza a la prisión; y como máquina abstracta que no sólo se aplica a una materia visible en general (taller, escuela, hospital en tanto que prisión), sino que en general atraviesa también todas las funciones enunciables: "La fórmula abstracta del Panoptismo ya no es 'ver sin ser visto', sino imponer en un espacio restringido, una conducta cualquiera a una multiplicidad humana cualquiera, también restringida" (p. 60). En cambio para el caso de "la máquina abstracta del biopoder", sostiene que "la multiplicidad es numerosa, en un espacio abierto, y la función ya no es imponer una conducta, sino gestionar la vida" (p. 60). ¿Cómo se articulan para Deleuze estos dos elementos, los agenciamientos concretos y la máquina abstracta?

> *Entre lo visible y lo enunciable, existe una abertura, una disyunción, pero esta disyunción de las formas es el lugar, "el no-lugar", dice Foucault, en el que se precipita el diagrama informal para encarnarse en las dos direcciones necesariamente divergentes, diferenciadas, irreductibles una a otra. Los agenciamientos concretos están, pues, hendidos por el intersticio según el cual se efectúa la máquina abstracta* (Deleuze, 1986/2005, p. 65).

Resistencias y márgenes en los dispositivos

Para Foucault (1976/2006), en esa trama superficial de múltiples relaciones de fuerza que conforman los dispositivos, los puntos de resistencia son el "elemento enfrentador":

> *Así como la red de las relaciones de poder concluye por construir un espe-*

so tejido que atraviesa los aparatos y las instituciones sin localizarse exactamente en ellos, así también la formación del enjambre de los puntos de resistencia surca las estratificaciones sociales y las unidades individuales (p. 117).

Se trata de puntos, nudos, focos de resistencia diseminados en distintos grados de densidad en el tiempo y en el espacio, que afectan o pueden afectar las hegemonías culturales y las identidades personales.

¿Grandes rupturas radicales, particiones binarias y masivas? A veces. Pero más frecuentemente nos enfrentamos a puntos de resistencia móviles y transitorios, que introducen en una sociedad líneas divisorias que se desplazan rompiendo unidades y suscitando reagrupamientos, abriendo surcos en el interior de los propios individuos, cortándolos en trozos y remodelándolos, trazando en ellos, en su cuerpo y su alma, regiones irreducibles (p. 117).

Esta dimensión de resistencia es destacada por Deleuze al referirse a las *líneas de subjetivación* y a los *acontecimientos* en los dispositivos. En la configuración de tal dispositivo la pregunta que es necesario hacer es: ¿cuáles son los márgenes existentes que escapan a su captura, cuáles los puntos inasimilables? Para el caso del poder disciplinario, Foucault había ubicado estos márgenes o puntos de resistencia frente a la captura total del cuerpo individual por el poder político y por el saber de las ciencias —la "función individualizante" del dispositivo— en aquellos elementos que *escapan*: lo que escapa a la vigilancia, lo que no puede clasificarse, lo que no puede entrar en el sistema de distribución, de normalización, "el residuo, lo irreductible, lo inclasificable, lo inasimilable. (...) Por ende, todo poder disciplinario tendrá sus márgenes" (Foucault, 2003/2007, pp. 74-75).

"¿Cómo es posible en el mundo la producción de algo nuevo?"

En su texto *¿Qué es un dispositivo?*, Deleuze (1990a) presenta el dispositivo como una especie de ovillo o madeja: conjunto multilineal compuesto de líneas de diferente naturaleza que siguen direcciones diferentes, cambiantes, variantes. Se acercan y se alejan unas de otras según procesos siempre en desequilibrio. Cada línea está quebrada, ahorquillada, sometida a derivaciones, a bifurcaciones. Sitúa los elementos que conforman los dispositivos: "líneas de visibilidad, de enunciación, líneas de fuerza, líneas de subjetivación, líneas de ruptura, de fisura, de fractura que se entrecruzan y se mezclan mientras unas suscitan otras a través de variaciones o hasta de mutaciones de disposición" (pp. 157-158).

Para Deleuze, una de las consecuencias más importantes de lo pensado por Foucault con el término *dispositivo* se vincula a la pregunta por las condiciones de posibilidad de la producción de lo nuevo, lo único, lo singular: "¿cómo es posible en el mundo la producción de algo nuevo?", o "¿cómo es posible la novedad de un régimen de enunciación?". Novedad que no consiste en "originalidad" sino en una regularidad, "marcha de la curva que pasa por los puntos singulares o los valores diferenciales del conjunto enunciativo" (p. 159). En la misma dirección pueden situarse los desarrollos de Deleuze y Guattari (1975/1990) en el capítulo ¿Qué es un dispositivo? en *Kafka Para una literatura menor*. Los autores se refieren allí a los *dispositivos colectivos de enunciación* y ubican lo que llaman "literatura menor" como aquello capaz de producir enunciados nuevos. Pero ¿cómo entender aquí la expresión "dispositivos colectivos de enunciación"? El enunciado —escriben Deleuze y Guattari— es siempre colectivo, incluso cuando aparentemente sea formulado por la voz solitaria del artista. El enunciado nunca remite a un sujeto, no existe un sujeto que emite el enunciado, ni un sujeto cuyo enunciado sería emitido. La enunciación literaria (célibe o artista) siempre está en relación con una comunidad nacional, política y social. Recuerdan en este sentido "las dos tesis principales de Kafka": la literatura como reloj que adelanta y como problema del pueblo (Deleuze y Guattari, 1975/1990, p. 121).

> *La enunciación literaria más individual es un caso particular de enunciación colectiva (...) lo que no quiere decir que esta colectividad sea a su vez el verdadero sujeto de la enunciación, ni siquiera el sujeto del cual se habla en el enunciado (...) La colectividad no es un sujeto, ni de la enunciación, ni del enunciado, de la misma manera que el célibe —o singularidad artista— tampoco lo es. Pero el célibe actual y la comunidad virtual —ambos reales— son las piezas de un dispositivo colectivo* (p. 121).

Deleuze destaca que son las líneas de subjetivación de los dispositivos aquellas que tienen la capacidad de trazar caminos de transformación, de ruptura, de fisura, en la medida en que son ellas las que se escapan de las dimensiones de saber y de poder: "las producciones de subjetividad se escapan de los poderes y de los saberes de un dispositivo para colocarse en los poderes y saberes de otro, en otras formas por nacer" (Deleuze, 1990a, p. 157). Subjetivación y acontecimiento se articulan para Deleuze en la concepción del sujeto como límite: "límite de un movimiento continuo entre un Afuera y un Adentro, de un sujeto como membrana" (Deleuze 1990b, p. 275).

> *Puede, en efecto, hablarse de procesos de subjetivación cuando se consideran las diversas maneras que tienen los individuos y las colectividades de constituirse como sujetos: estos procesos sólo valen en la medida en que, al realizarse, escapen al mismo tiempo de los saberes constituidos y de los poderes dominantes. Aunque ellos se prolonguen en nuevos poderes o provoquen nuevos saberes: tienen en su momento una espontaneidad rebelde. No se trata en absoluto de un retorno al "sujeto", es decir, a una instancia dotada de deberes, saberes y poderes* (p. 275).

Dispositivos institucionales

En el ámbito local, y en un contexto de producción cercano al de la publicación *Lo Grupal*, el uso de la noción de *dispositivo* que se encuentra en los desarrollos de Gregorio Kaminsky (1990a) es sin duda una referencia ineludible. Esto responde a dos motivos fundamentales. Por un lado, la idea de *dispositivos institucionales* recupera la dimensión histórica ineludible del concepto foucaultiano así como esa complejidad que el mismo transporta: la tensión entre la dimensión de captura y los puntos o focos de resistencia en los procesos históricos de producción de subjetividad. Pero además, sus análisis articulan esa complejidad, en el marco del período argentino de "transición democrática", a las preocupaciones vinculadas a la problemática de la violencia en las instituciones y los grupos: "Una democracia sustantiva debe trabajar en los espacios microfísicos del poder como son las instituciones" (p. 12). De modo que sus desarrollos tienen un interés doble: no sólo permiten analizar más profundamente el problema de reducir —naturalizar— el uso del término a un equivalente de encuadre, técnica o procedimiento —a un uso instrumental en los términos de De Brasi— sino que también ponen de manifiesto la relevancia de los problemas que pudieron ser trabajados con la recepción de esta noción en el ámbito local. Estos problemas, que respondían a la necesidad de diseminar la democracia como estado de derecho en las instituciones, pueden sintetizarse en la consideración de Kaminsky de las instituciones argentinas como "dispositivos de violencia psicosocial" y en la

urgencia de interrogar, en consecuencia, los modos
en que la dimensión político-social atravesaba los
espacios cotidianos y configuraba a los mismos actores sociales. Con una clara referencia al término
foucaultiano, escribe que en tiempos en que "he-
mos aprendido que el saber y el poder pertenecen
al mismo universo, no es ocioso interrogarnos acerca de qué es lo que permite su articulación" (p. 20).
Kaminsky define el dispositivo como:

> la red de atravesamientos microsocia-
> les y micropolíticos que adquieren una
> configuración específica, una cristaliza-
> ción jurídica y muchas veces una coa-
> gulación profesional (el maestro, el mé-
> dico, el policía...) espejo ampliado que
> regresa a cada unos de sus actores el lu-
> gar imaginario hacia el cual conducen o
> desean conducir sus fuerzas y energías
> (p. 18).

Interesa destacar qué aspectos de la noción de
dispositivo de los autores europeos son retomados
por Kaminsky, así como localizar las especificida-
des que ella tomaba en sus desarrollos, en el marco
del tratamiento de la problemática de la violencia
en el ámbito local. En primer lugar, hay que preci-
sar la importancia de la referencia a lo institucional
presente en la idea de *dispositivos institucionales*,

en el marco del pensamiento sobre la transición democrática argentina. El autor escribe:

> *Es porque subrayamos y enfatizamos la
> importancia de lo "micro" para la tran-
> sición democrática del país, que nos pa-
> rece indispensable tomar en cuenta, por
> altamente descuidadas, a las institucio-
> nes reales e imaginarias de la sociedad.
> Las instituciones constituyen los encla-
> ves espaciales de la microfísica de las
> relaciones sociales y la macrofísica de
> las operaciones individuales. La vida de
> los sujetos en sociedad es, sin duda,
> la experiencia de su tránsito por ellas*
> (p. 24).

Evidentemente, las instituciones no se reducen
al conjunto de sus funciones, objetivos, finalidades
específicas, "las instituciones son conjuntos de relaciones que atraviesan y/o confluyen en un mismo
espacio (...) las relaciones psico-sociales no prece-
den ni se generan en la institución misma" (p. 20).
La institución se entiende, desde esta perspectiva,
como punto de encuentro de relaciones sociales diversas, heterogéneas. Kaminsky piensa además que
los grupos son como "los ojos institucionales": con-
figuraciones privilegiadas a través de los cuales es
posible entrever las relaciones institucionales. Para

el autor, enfatizar la necesidad de atender la dimensión institucional en los enfoques psicosociales era,
en primer lugar, una contribución a la crítica de
la antinomia individuo-sociedad. Sostiene que "lo
que efectivamente existe son los *espacios de condensación de lo subjetivo y lo social:* los grupos
y las instituciones. Los hombres se producen, cir-
culan y también se consumen solamente en estas
materialidades tangibles que son los grupos y las
instituciones" (p. 30).[8]

Dispositivos institucionales alude entonces a la
institución entendida como dispositivo de las relaciones sociales, anclado históricamente y como espacio producido-productor de múltiples modalidades de violencia, que no son su excepción, sino su
regla (p. 17).

En segundo lugar, la idea de *dispositivos institucionales* incluye la tensión destacada anteriormente
entre la dimensión de captura, control, gestión de la
vida y esa otra dimensión de resistencia, los márgenes del dispositivo (Foucault, Deleuze, Deleuze
y Guattari). Si para Kaminsky toda institución es
constitutivamente un dispositivo de violencia psicosocial, un territorio de múltiples modalidades de
violencia y se refiere en ese sentido a las instituciones argentinas como "canteras de autoritarismo";
no deja sin embargo de afirmar esa dimensión de

---

[8]El destacado es del original.

resistencia: en lo institucional se encuentra también, como en todo lo social, la dimensión de lo posible. La pregunta de Spinoza, retomada también
por Deleuze y Guattari (1980/2002): ¿qué puede
un cuerpo? se lee en Kaminsky a propósito de lo
institucional: "¿cómo se puede conocer lo que se
puede en las instituciones?" (Kaminsky, 1990a, p.
11). Esta pregunta es sin duda la pregunta por la
dimensión de resistencia que puede acontecer en
las instituciones. En ese sentido se advierte la proximidad de esta perspectiva con la concepción foucaultiana —enfatizada en los planteos de Deleuze y
Guattari— de los modos de distribución del poder
en los dispositivos. Kaminsky piensa lo institucional como trama de relaciones complejas y móviles:
territorio descentrado, excéntrico, punto de cruce
y articulación de relaciones sociales heterogéneas
(p. 28).

Ahora bien, lo interesante es advertir ciertos
rasgos específicos del uso que este autor hace de la
noción de dispositivo para reflexionar sobre la problemática de la violencia en la Argentina de esos
años. Para ello, conviene detenerse en las formas
que esas capturas tomaban para Kaminsky, así como localizar también los modos en que se piensa
en su escritura la dimensión de lo posible. Se destacan, en ese sentido, dos cuestiones centrales: en
primer lugar, la preocupación por los modos de la

violencia imperceptible en las diversas prácticas en los espacios cotidianos; en segundo lugar, y articulado a lo anterior, la cuestión de la responsabilidad de los intelectuales y los profesionales en la tarea de advertir e intervenir sobre esos problemas.

En el contexto argentino de "retorno democrático", *dispositivos institucionales* no alude para Kaminsky a los "casos paradigmáticos" como las cárceles, reformatorios, hospicios y asilos; apunta fundamentalmente a las instituciones "de todos los días": los espacios cotidianos de anudamiento psicosocial. Apuntaba de ese modo a problematizar modos naturalizados de violencia en aquellos ámbitos "que tienen que ver con la educación y la salud, la economía y el trabajo, los deseos y las pasiones" (p. 27). Escribe que "lo autoritario no viste solo uniforme militar, también habita fábricas y hogares, escuelas y hospitales (...) compleja red sin centros ni ejes precisos pero con anclajes ciertos en los dispositivos institucionales" (p. 26). Por eso habla de "carcelarización de la sociedad" para referirse a una serie de "micro-autoritarismos" teóricos y prácticos en diversas prácticas sociales en el campo de la medicina, la psicología, la educación y el trabajo (p. 27). Ubica en esa línea la proliferación de los discursos de integración, adaptación, resocialización y rehabilitación. Advierte, además, una creciente especialización y profesionalización de territorios que en la historia reciente habían sido dominios del terror. De esa manera llama la atención sobre el papel de los profesionales y los intelectuales en la tarea de diseñar estrategias orientadas a advertir y desmontar esos dispositivos.[9]

Una especificidad del tratamiento de Kaminsky es el lugar que otorga a lo imaginario en los dispositivos institucionales. Atender la dimensión imaginaria institucional implica, en primer lugar, no reducir los problemas institucionales a sus aspectos formales o funcionales sino interrogar fundamentalmente las formas de circulación y distribución —producción— de gestos, actitudes, deseos e ilusiones (p. 30). De ahí el lugar central que el autor otorga, al definir el dispositivo, al "lugar imaginario" hacia el cual los actores sociales "conducen o desean conducir sus fuerzas y energías" (p. 18). En sintonía con sus estudios sobre Spinoza,[10] lo imaginario condensa la expresión tanto de las capturas

---

[9]Cabe recordar que Foucault (2003/2007) había señalado respecto de los elementos inasimilables de los dispositivos de disciplina, los "residuos sociales", la presencia de un mecanismo que tiende al infinito y que consiste en la aparición de prácticas de asimilación, es decir, sistemas complementarios que tienen como objetivo "recuperarlos" (p. 76).

[10]En 1990, año de la publicación de los textos reunidos en *Dispositivos institucionales* —escritos entre 1985 y 1988— Kaminsky publica *Spinoza: la política de las pasiones* (1990b).

de lo instituido como de aquellos focos de resistencia, puntos de fuga, lugares privilegiado de lo posible. Escribe que: "los cuerpos instituidos son aquellos que han digerido hasta en sus gestos, las reglas
formales e informales de la institución. Son los cuerpos que tienen la regla institucional" (p. 11). Pero,
en proximidad con las lecturas de Spinoza que realiza el autor, cabe preguntarse: ¿son los cuerpos los
que tienen la regla institucional o es la regla institucional la que tiene a los cuerpos?

> *La individuación no representa la exte-*
> *riorización de las conciencias, ni voli-*
> *ción de un sujeto respecto de otro; es,*
> *antes bien, la relación que, desde la im-*
> *personalidad imaginaria, constituye se-*
> *res humanos como estados intensivos,*
> *recortados, de la fuerza anónima, pa-*
> *sional* (Kaminsky, 1990b, p. 104).

Lo imaginario tal como es trabajado por el autor, no es una representación de lo institucional que
estaría por detrás, por debajo o más allá de su ma-
nifestación. Lo imaginario, inmanente, expresa a las
instituciones. Lo imaginario es una dimensión institucional, y es "tan constitutivo como las celdas para las cárceles (...) es, precisamente, en el terreno
de lo imaginario institucional donde se ponen en

juego las violencias y contraviolencias discursivas"
(Kaminsky, 1990a, pp. 20-21).

> *Lo imaginario no es un mero sub-pro-*
> *ducto de la maquinaria cognoscitiva ni*
> *tampoco un simple abuso de las capa-*
> *cidades sensoriales. Es, dice Spinoza,*
> *la modalidad específica de la singulari-*
> *dad existente (o existencia singular) de-*
> *nominada hombre (...) Spinoza apunta*
> *que los hombres denominamos razón al*
> *conjunto de arbitrariedades cuya forma*
> *delirante (éste es el término que utiliza*
> *en la Ética) no ha sido sancionada co-*
> *mo enfermiza sino que, contrariamente,*
> *la instituimos por vía de la convención*
> *en una forma cultural* (pp. 151-152).

Para el caso argentino de esos años le interesa
subrayar la presencia de un "imaginario colectivo
institucionalizado de autoritarismo". Piensa que lo
autoritario, como forma aniquiladora de la existencia social habita —habla— en los cuerpos. Formas
que habitan la existencia no bajo el modo de la alie-
nación social sino como "materialidad social productiva" (p. 137), despliegue superficial antes que
secreto oculto (p. 138). Piensa "lo imaginario institucional" como un territorio poblado de domesti-
caciones: adaptación pasiva a la realidad, pérdida

del sentido crítico, temor a pensar e imaginar, sometimiento a la regla institucional en las inercias cotidianas, en los aburrimientos programados, en las repeticiones desvitalizadas. Apunta, sin embargo, en consonancia con las tensiones que habitan lo institucional, a destacar también los modos en que lo posible tiene oportunidad de presentarse: la "potencia de la polifonía" y la "capacidad imaginante" que pueden acontecer en las instituciones y los grupos. Kamisnky señala la urgencia de trabajar una apertura y una disponibilidad hacia "lo insospechado institucional", en espacios —como afirmaba Pavlovsky en el prólogo que inauguraba *Lo Grupal*— saturados de sospechas y sospechosos. Escribe que "es en ellas [en las instituciones] donde puede germinar la semilla de los pequeños y desgraciados autoritarismos, pero también florecen los mil rostros de la vida" (p. 28).

CAPÍTULO 4

CONCLUSIONES

La tesis expuso un análisis de las principales contribuciones de la corriente intelectual que promovió, como proyecto colectivo de investigación y escritura, la publicación *Lo Grupal* en la Argentina (1983-1993). El análisis de un conjunto significativo de artículos e intervenciones ha permitido mostrar que la producción reunida en esta publicación, en diálogo con una tradición previa del psicoanálisis argentino, constituye una referencia fundamental del pensamiento, la investigación y la escritura acerca de la problemática grupal, de la clínica institucional y de las intervenciones micropolíticas en la Argentina. La posición de enunciación que sus autores sostuvieron en el campo disciplinar *psi*, atendiendo la coyuntura socio-política en los años de post-dictadura; la centralidad que otorgaron a la problemática del poder y la violencia en las prácticas sociales permite situar a *Lo Grupal* como un fragmento relevante de la producción crítica cultural de nuestro pasado reciente.

La tesis puso de relieve que, en el marco de este movimiento político, cultural y de ideas clínicas, la referencia a la noción de *lo grupal* —en discusión con las concepciones que tomaron al grupo como objeto psicológico— expresó una intervención conceptual de relevancia en tres dimensiones que conectaban problemas del campo disciplinar con urgencias y preocupaciones que emergían de la escena social. Esas dimensiones pueden sintetizarse en: 1) la recuperación y revisión crítica (en diálogo con una tradición previa del psicoanálisis argentino) de los modelos y conceptualizaciones para el abordaje de los grupos, 2) la recuperación y renovación de una reflexión privilegiada del campo intelectual de las dos décadas previas: el problema de la relación entre la práctica profesional e intelectual (y en particular las prácticas en situaciones colectivas) y la dimensión política y 3) la problemática de la violencia, el autoritarismo y el poder en el análisis de la producción de subjetividad y su relación con las prácticas sociales.

El análisis de estas dimensiones mostró que su tratamiento se apoyó centralmente en una operación particular: por un lado, la producción de un horizonte de antecedentes provenientes de un sector de la tradición del psicoanálisis argentino vinculada a la cultura de izquierda de los años 60 y principios de los 70 (Enrique Pichon-Rivière, José Bleger, Marie Langer y los grupos Plataforma y Documento). Por otro lado, la incorporación de una serie de lecturas, obras y herramientas conceptuales del pensamiento francés, de amplia circulación en esos años en el ámbito local, que aportaron elementos originales para su tratamiento. Entre las más significativas se encuentran las concepciones de Foucault (1976/2006) sobre el poder, nociones del enfoque de análisis institucional iniciado por Guattari (1972/1976), las formulaciones de Deleuze y Guattari (1972/1995) en torno del inconciente como producción social, los planteos de Robert Castel (1973/1980) sobre psicoanálisis y problemática sociopolítica, las concepciones de lo histórico-social y lo imaginario de Castoriadis (1975/1993). En relación con esto último esta tesis da cuenta también de uno de los principales ámbitos de recepción de esas obras en el ámbito local de las prácticas psi.

El primer capítulo desarrolló de qué modo la noción de *lo grupal*, propuesta en este marco de producción, intervino críticamente en aspectos específicos de las formas más habituales (de las psicologías y del psicoanálisis) de concebir los grupos desde los años 50; en sus conceptos típicos y en las formas de pensar las prácticas en situaciones colectivas. Se propuso que esa intervención crítica, que postulaba un giro desde el estudio de los grupos hacia el abordaje de *lo grupal* y de las condiciones histórico-sociales de producción de subjetividad, puede ser considerada como el inicio de la apertura hacia una renovación de la problemática grupal en nuestro medio. Se destacó, en esa dimensión, el lugar privilegiado del pensamiento de Juan Carlos De Brasi para esa renovación, centrada en la crítica tanto de las concepciones empíricas del grupo como de las formalistas, y en la afirmación de *lo grupal* como condición estructurante de lo social-histórico.

El análisis de los aspectos que *lo grupal* ponía en cuestión permitió arribar a la localización y profundización de los problemas implicados en tal desplazamiento: entre las cuestiones centrales, la crítica del dualismo (subjetivo/objetivo, interior/exterior, teoría/práctica o teoría/técnica, individuo/sociedad); la crítica hacia una posición desocializadora, presente tanto en los enfoques basados en el grupo empírico como en los basados en el grupo como objeto teórico; en vinculación con esta última concepción, la crítica de la violencia simbólica presente en la idea de aplicación. En ese marco, el capítulo articuló la presencia de un conjunto de nociones presentadas en esta publicación, como *singularidad, producción de subjetividad, sujeto singularmente colectivo, acontecimiento, transversalidad, multiplicidad, complejidad,* que se articularon al tratamiento de esos problemas.

El capítulo incluyó, por último, el análisis del modo en que Juan Carlos de Brasi desplegó, a propósito del ECRO y del *grupo-formación,* las dimensiones implicadas en ese "giro" desde las grupologías hacia *lo grupal,* a través de la recuperación —la *elucidación*— de tópicos esbozados por Pichon-Rivière alrededor de los grupos operativos: *transformación, aprendizaje, descubrimiento, inven-*

ción. A partir de esa indagación se pudo advertir que esas elaboraciones restituían una complejidad presente en los problemas abordados por Pichon-Rivière y cómo, en el mismo movimiento, producían una apertura y un despliegue renovado de esos tópicos.

El segundo capítulo mostró que la revisión de la relación entre marxismo y psicoanálisis fue el problema central que orientó, en *lo Grupal,* la recuperación de antecedentes provenientes de la tradición del psicoanálisis vinculado al pensamiento de izquierda de las décadas previas (Enrique Pichon-Rivière, José Bleger, Marie Langer y los grupos Plataforma y Documento). El capítulo analizó cómo se retoma en *Lo Grupal* lo que esa conjunción (entre marxismo y psicoanálisis) había habilitado para pensar tanto el rol del intelectual en el mundo social como la relación entre la práctica clínica y la dimensión política. El desarrollo del capítulo permitió poner de relieve que el rescate de esa tradición argentina previa, junto a la recepción de otras obras y herramientas conceptuales (Castel, Bourdieu, Foucault) posibilitó tematizar cómo la escena clínica —como toda práctica social— no está exenta de formas de violencia simbólica ya que en la interpretación actúa no sólo una relación con el saber sino también una relación con el poder. El análisis desplegado reveló también que la referencia

a *lo grupal y la producción de subjetividad* inscribía
la problemática grupal en la tradición crítica del
pensamiento marxista y al mismo tiempo buscaba
promover una discusión en la comunidad *psi* al poner en cuestión la concepción de lo socio-histórico
(o, según el caso, la ausencia de una concepción de
lo socio-histórico) en los modelos más extendidos
en las prácticas clínicas en esos años.

El desarrollo del tercer capítulo ha podido situar el lugar central que adquirió en *Lo Grupal*
la urgencia de una reflexión sobre las vinculaciones entre dictadura y sociedad civil. Lo interesante
es destacar que esa reflexión —planteada desde el
campo del psicoanálisis y la psicología en su apertura hacia la sociedad y la cultura— establecía como
prioridad, en el abordaje de la problemática grupal,
la necesidad de interrogar las formas de poder en
las prácticas sociales. Más precisamente, podemos
afirmar que la intención de problematizar modos
imperceptibles de una "violencia simbólica" en los
diversos espacios de convivencia social, como los de
la salud, el trabajo, la familia y la educación, había
estado entre los principales impulsos de la iniciativa de *Lo Grupal* y se sitúa entre sus contribuciones
más relevantes.

Afirmamos en este sentido que *Lo Grupal* expresó una intervención de resistencia cultural, al contribuir a la elaboración de los efectos de lo aconte-

cido en la historia reciente sobre los vínculos socio-
comunitarios. Dicha contribución se vinculó a una
voluntad de restablecer una dimensión política del
psicoanálisis, a través de la recuperación de las coordenadas de un debate previo en torno del compromiso y la transformación social, que se orientaba,
en primer lugar, a problematizar las condiciones de
vida de ese tiempo presente y a diseñar, en consecuencia, modos posibles de habitar los espacios
colectivos.

En ese marco, la cuestión de *lo grupal* —y su
desplazamiento de los modelos y las técnicas grupales— representó una herramienta conceptual que
aportaba elementos de análisis sobre la violencia
simbólica en el análisis de producción de subjetividad.

Lo grupal condensó de ese modo la apuesta de
este grupo de autores por una ética: la certidumbre
de que lo colectivo, cuando logra atender los riesgos
de las lógicas de la manipulación, de los intentos
de control, de las pretensiones de homogeneización
que los grupos conllevan, guarda una potencia de
transformación social.

El desarrollo del capítulo se enfocó simultáneamente en dos aspectos del tratamiento de este tema
en las fuentes consideradas: por un lado, se locali-
zaron los problemas planteados en relación con la
problemática de la violencia; pero además se re-

construyeron una serie de conceptualizaciones sobre el poder, la violencia, lo histórico-social, que
sostuvieron esos planteos. En relación con esa reconstrucción, se realizó una exploración del concepto de *dispositivo* que había aportado, en los años 70,
una importante novedad para pensar el problema
del poder. Esa exploración permitió en primer lugar identificar, siguiendo algunas puntuaciones de
autores de *Lo Grupal*, que los usos más habituales
de este término en la actualidad —y en particular
en los ámbitos de la psicología y del psicoanálisis—
lo han reducido a un uso instrumental (encuadre,
técnica o procedimiento). En segundo lugar se pudo
determinar que esa reducción de la idea de dispositivo no sólo ha desvinculado el uso del término de
la potencia y de la complejidad del concepto foucaultiano. Esa simplificación también lo ha escindi-
do de las recepciones y lecturas que se hicieron del
término en el ámbito argentino para problematizar
las formas de poder en las prácticas sociales.

Para terminar, situar a *Lo Grupal* como proyecto de escritura requiere destacar una preocupación
central que animó a algunos autores de este proyecto —principalmente a De Brasi y a Percia—. Nos
referimos al esfuerzo por trabajar el problema de
la escritura. Desde nuestra perspectiva, éste es uno
de los rasgos más destacables de esta producción,
y una de las cuestiones principales que nos lleva

a inscribirla en una tradición intelectual: el *pensamiento de lo grupal* requería de una práctica de escritura que no había tenido lugar previamente. En este sentido consideramos que esta publicación se aproximó, en su inspiración fundamental y en sus contribuciones principales, a la forma del ensayo. Ese rasgo es el que la separa de los estilos de elaboración y registro más habituales de las psicologías y del psicoanálisis local, y en particular de la tradición dedicada a los grupos: el artículo, el "caso clínico" o la crónica de "experiencias". Esa misma inspiración se advierte también en la reiterada referencia —especialmente en los prólogos— a la figura del lector. El proyecto encontraba una orientación en la intención de promover una comunidad de lecturas y de lectores: una apuesta por un *acontecer* lector. Como se lee en el prólogo de *Lo Grupal 6*, la provocación hacia un lector que "fabule, desee y fabrique sus propios modos de desciframiento"; la orientación hacia un lector que pudiera acompañar una invitación: la de soportar que cualquier cierre, en el pensamiento, sea un imposible (De Brasi, *et. al.*, 1988, p. 6).

BIBLIOGRAFÍA

AA. VV. (1971). *Cuestionamos 1. Documentos de crítica a la ubicación actual del psicoanálisis.* Langer, M. y Bauleo, A. (Comp.). Buenos Aires: Granica.

AA. VV. (1973). *Cuestionamos 2. Psicoanálisis institucional y psicoanálisis sin institución.* Langer, M. y Bauleo, A. (Comp.). Buenos Aires: Granica.

AA. VV. (2005). *Nueva Historia Argentina. Dictadura y democracia (1976-2001).* Buenos Aires: Sudamericana.

AGAMBEN, G. (mayo-agosto, 2011). ¿Qué es un dispositivo? *Sociológica,* 73, 249-264.

ALTHUSSER , L. (1988/2011a). *Ideología y aparatos ideológicos del Estado* (trad. de J. Sasbón y A. Plá). Buenos Aires: Nueva Visión [Publicación original en 1970].

— (1988/2011b) Freud y Lacan. En *Ideología y aparatos ideológicos del Estado* (trad. de J. Sasbón y A. Plá). Buenos Aires: Nueva Visión [Publicación original en 1964].

ARLT, R. (1958/2007). *Los siete locos.* Buenos Aires: Losada.

BAREMBLITT, G. (1983). La Institución del Psicoanálisis. Su panorama actual, su crisis y su futuro. En *Lo Grupal 1* (pp. 51-54). Buenos Aires: Búsqueda.

— (1987a). Revisión sintética y comentarios acerca de los modelos grupales. En *Lo Grupal 5* (pp. 67-90). Buenos Aires: Búsqueda.

— (1987b). Repaso de las formas de abordar la cuestión edipiana en psicoanálisis. En *Lo Grupal 4* (pp. 21-58). Buenos Aires: Búsqueda.

— (1988). Notas acerca de un posible programa de investigación sobre el psicoanálisis y lo grupal en Argentina 1988. En *Lo Grupal 6* (pp. 55-70). Buenos Aires: Búsqueda.

BAULEO, A. (1982). Ideología, grupo y familia. México: Folios. (Publicación original en 1970, Buenos Aires: Kargieman).

— (1977). *Contrainstitución y grupos.* México: Fundamentos.

— (1983a) Problemas de la psicología grupal (el grupo Operativo-Productivo). En *Lo Grupal 1* (pp. 11-19). Buenos Aires: Búsqueda.

— (1983b). Sujeto-institución: Una relación imposible. *Lo Grupal 1* (pp. 65-70). Buenos Aires: Búsqueda.

BAULEO, A., CAPARRÓS, A. Y ROZITCHNER, L. (1969). Ideología y psicología concreta. Parte 2. En *Cuadernos de Psicología Concreta*, 2, 7-32.

BLEGER, J. (1958). *Psicoanálisis y dialéctica materialista*. Buenos Aires: Paidós.

BLEGER, J., CAPARRÓS, A., PICHON-RIVIÈRE Y E., ROZITCHNER, L. (1969). Ideología y psicología concreta. En *Cuadernos de Psicología Concreta*, 1, 11-41.

BAULEO, A. (1985). Psicoanálisis-política. En *Lo Grupal 2* (pp. 153-157). Buenos Aires: Búsqueda.

BOURDIEU, P. Y PASSERON, J.-C. (1970/1998). *La reproducción. Elementos para una teoría del sistema de enseñanza*. (trad. de J. Melendres y M. Subirats). México: Laia.

BORGES, J. L. (1952/2011). *Otras inquisiciones*. Buenos Aires: Sudamericana.

CARASSAI, S. (2013). *Los años setenta de la gente común. La naturalización de la violencia*. Buenos Aires: Siglo XXI.

CARDACI, G. (2012). La noción de "lo grupal" como intervención crítica en la publicación Lo Grupal en la Argentina (1983-1993). *Anuario de Investigaciones*. Facultad de Psicología, Universidad de Buenos Aires, *XIX*, 171-177.

— (2014). *Lo grupal* no son los grupos ni los dispositivos. Notas sobre la publicación *Lo Grupal* en la Argentina (1983-1993). En *Anuario de Investigaciones,* Facultad de Psicología, Universidad de Buenos Aires, *XX*, 189-197.

CAPARRÓS, N. (2010). Pequeña Historia de una gran revista. Recuperado de http://www.imagoclinica.com/historia.htm.

CASTEL, R. (1973/1980). *El psicoanalismo. El orden psicoanalítico y el poder* (trad. de D. Wagner). Buenos Aires: Siglo XXI.

CASULLO, N. (julio, 1997). Los años 60 y 70 y la crítica histórica. *Confines, 4*, 7-28.

— (2007). *Las Cuestiones*. Buenos Aires: FCE

CARPINTERO, E. Y VAINER, A. (2004). *Las huellas de la memoria. Tomo I: 1957-1969*. Buenos Aires: Topía.

— (2005). *Las huellas de la memoria. Tomo II: 1970-1983.* Buenos Aires: Topía.

CASTORIADIS, C. (1975/1993a). *La institución imaginaria de la sociedad 1. Marxismo y teoría revolucionaria* (trad. de A. Vicens). Buenos Aires: Tusquets.

— (1975/1993). *La institución imaginaria de la sociedad 2. El imaginario social y la institución* (trad. de M.-A. Galmarini). Buenos Aires: Tusquets.

CORTÁZAR, J. (1963/2011). *Rayuela.* Buenos Aires: Alfaguara.

COOPER, D. (1971/1986). *La muerte de la familia* (trad. de J. Alfaya). Buenos Aires: Planeta.

DAGFAL, A. (2004). Para una "estética de la recepción" de las ideas psicológicas. *Frenia, Revista de Historia de la Psiquiatría, 5* (1), 1-12.

— (2009). *Entre París y Buenos Aires. La invención del psicólogo (1942-1966).* Buenos Aires: Paidós.

— (2013). Breve historia de la psicología en la Argentina (1896-1976). Módulo IV (primera parte). Módulo de la Cátedra I de Historia de la Psicología, Facultad de Psicología, UBA. Recuperado de www.elseminario.com.ar

DANZIGER, K. (1990/2007). La estructura social de la experimentación en Psicología. [Fuente: *Constructing the Subject. Historical Origins of Psychological Research.* Cambridege/N.Y.: Cambridge University Press. Cap. 4: "The social structure of psychological experimentation" (pp. 49-67).]. Trad. de E. Giribaldi, cát. I de Historia de la Psicología. Fac. de Psicología, UBA. Recuperado de www.elseminario.com.ar.

DE BRASI, J. C. (1983). Algunas consideraciones sobre la formación de ideologías en el aprendizaje grupal. En *Lo Grupal 1* (pp. 21-40). Buenos Aires: Búsqueda.

— (1986a). Prólogo. En *Lo Grupal 3* (pp. 9-11). Buenos Aires: Búsqueda.

— (1986b). Apreciaciones sobre la violencia simbólica, la identidad y el poder. En *Lo Grupal 3* (pp. 39-54). Buenos Aires: Búsqueda.

— (1987a). Elucidaciones sobre el ECRO, un análisis desde la clínica ampliada. En *Lo Grupal 4* (pp. 97-117). Buenos Aires: Búsqueda.

— (1987b). Desarrollos sobre el Grupo-Formación. En *Lo Grupal 5* (pp. 33-65). Buenos Aires: Búsqueda.

— (1988). Crítica y transformación de los fetiches. En *Lo Grupal 6* (pp. 99-123). Buenos Aires: Búsqueda.

— (1989). Violencia y transformación. Laberintos grupales e institucionales en lo social-histórico. En *Lo Grupal 7* (pp. 11-31). Buenos Aires: Búsqueda.

— (1990a). *Subjetividad, Grupalidad, Identificaciones. Apuntes metagrupales*. Buenos Aires: Búsqueda.

— (1990b). Sobre el sentido en la psicosis. En *Lo Grupal 8* (pp. 35-52). Buenos Aires: Búsqueda.

— (1993). Devenir de la grupalidad y subjetividad en psicoanálisis. (El caso de psicología de las masas). En *Lo Grupal 10* (pp. 59-95). Buenos Aires: Búsqueda.

— (2001). Notas mínimas para una arqueología grupal. La recuperación de la grupalidad. *Campo Grupal* 28, p. 7-9 y 29, p. 8-9.

— (2007). *La problemática de la subjetividad. Un ensayo, una conversación*. Barcelona: EPBCN/ Buenos Aires: Mesa Editorial.

— (2008a). *La explosión del sujeto. Acontecer de las masas y desfondamiento subjetivo en Freud* (Tercera edición corregida y ampliada). Barcelona: EPBCN/ Buenos Aires: Mesa Editorial.

— (octubre de 2008b). Entrevista a Juan Carlos De Brasi: una ética de la responsabilidad. *Cuadernos de Campo*, 5, 11-18.

— (2012). Entrevista con Juan Carlos De Brasi, junio de 2012. Inédita.

— (2013). *Ensayo sobre el pensamiento sutil. La cuestión de la causalidad. La causalidad en cuestión*. Lanús: La Cebra (Publicación original en 2010, Barcelona: EPBCN).

DE BRASI, J.C.; PAVLOVSKY, E.; BAREMBLITT, G. Y KESSELMAN, H. (1988). Prólogo. En *Lo Grupal 6* (p. 6). Buenos Aires: Búsqueda.

DELEULE, D. (1969/1972). *La psicología, mito científico* (trad. de N. Pérez Lara y R. García). Barcelona: Anagrama.

DELEUZE, G. (1969/2005). *Lógica del sentido* (trad. de M. Morey). Buenos Aires: Paidós.

— (1972/1976) Tres problemas de grupo. En F. Guattari *Psicoanálisis y transversalidad. Crítica psicoanalítica de las instituciones* (Trad. de F. H. Azcurra) (pp. 9-21). Buenos Aires: Siglo XXI.

— (1981/2009). *Spinoza: Filosofía práctica* (trad. de A. Escohotado). Buenos Aires: Tusquets Editores.

— (1986/2005) *Foucault* (trad. de J. Vázquez Pérez). Buenos Aires: Paidós. Buenos Aires.

— (1990a). ¿Qué es un dispositivo? En VV. AA. *Michel Foucault filósofo* (pp. 155-163) Barcelona: Gedisa.

— (1990b). Post-Scriptum sobre las sociedades de control. En G. Deleuze *Conversaciones 1972-1990* (pp. 277-286) (Trad de J. L. Pardo). Valencia: Pre-Textos.

DELEUZE, G. Y GUATTARI, F. (1972/1995). *El Antiedipo. Capitalismo y esquizofrenia* (trad. de F. Monge). Buenos Aires: Paidós.

— (1975/1990). *Kafka: Por una literatura menor* (trad. de J.A. Mora). México: Ediciones Era.

— (1980/2002). *Mil mesetas. Capitalismo y esquizofrenia* (trad. de J. Vázquez Pérez). Valencia: Pre-textos.

ESPOSITO, R. (2007/2009) *Tercera persona. Política de la vida y filosofía de lo impersonal* (trad. de C.R. Molinari Marotto). Buenos Aires: Amorrortu.

— (2007). *Communitas. Origen y destino de la comunidad* (trad. de C. R. Molinari Marotto). Buenos Aires: Amorrortu.

— (2011). *El dispositivo de la persona* (trad. de H. Cardoso). Buenos Aires: Amorrortu.

FERNÁNDEZ, A. M. (1986) *El campo grupal. Notas para una genealogía.* Buenos Aires: Nueva Visión.

— (1988). ¿Legitimar lo grupal? (Hegemonía y contrato público). En *Lo Grupal 6* (pp. 125-136). Buenos Aires: Búsqueda.

— (1989). La dimensión institucional de los grupos. En *Lo Grupal 7* (pp. 49-64). Buenos Aires: Búsqueda.

FERNÁNDEZ, A. M. Y DEL CUETO, A. M. (1985). El dispositivo grupal. En *Lo Grupal 2* (pp. 13-56). Buenos Aires: Búsqueda.

FERNÁNDEZ, A. M. Y HERRERA, L. (1991). Laberintos institucionales. En *Lo Grupal 9* (pp. 63-84). Buenos Aires: Búsqueda.

FOUCAULT, M. (1962/2002). *La arqueología del saber* (trad. de A. Garzón del Camino). Buenos Aires: Siglo XXI.

— (1976/2006). *Historia de la sexualidad I. La voluntad de saber* (trad. de U. Guiñazú). Buenos Aires: Siglo XXI.

— (1977). El juego de Michel Foucault. En *Saber y Verdad* (s.f.) (trad. de Julia Varela y Fernando Álvarez-Uría) (pp. 127-162). Madrid: La piqueta.

— (2003/2007). *El poder psiquiátrico. Curso en el Collège de France (1973-1974)* (trad. H. Pons). Buenos Aires: FCE.

— (1984). La ética del cuidado de uno mismo como práctica de la libertad (entrevista). En *Hermenéutica del sujeto* (s.f.) (trad. de Fernando Álvarez-Uría) (pp. 105-142). Madrid: La piqueta.

— (1992). *Microfísica del poder* (trad. de Julia Varela y Fernando Álvarez-Uría). Madrid: La piqueta.

— (2004/2006). *Seguridad, territorio, población. Curso en el Collège de France (1977-1978)* (trad. H. Pons). Buenos Aires: FCE.

— (2004/2007). *Nacimiento de la biopolítica. Curso en el Collège de France (1978-1979)* (trad. H. Pons). Buenos Aires: FCE.

GARCÍA, L. (2012). *La recepción de la psicología soviética en la Argentina: Lecturas y apropiaciones en la psicología, psiquiatría y psicoanálisis (1936-1991)*. (Tesis doctoral inédita). UBA, Facultad de Filosofía y Letras, Buenos Aires.

GONZÁLEZ, H. (12 de agosto de 2014). Nombre, identidad y memoria. Página 12. Recuperado de http://www.pagina12.com.ar.

GONZÁLEZ, M. E. Y DAGFAL, A. (2012). El psicólogo como psicoanalista. Problemas de formación y autorización. *Intersecciones Psi. Revista Electrónica de la Facultad de Psicología – UBA, 5* (1), 12-18. Recuperado de http://intersecciones.psi.uba.ar/revista_ed_n_5.pdf

GRINBERG,L., LANGER,M. Y RODRIGUÉ, E. (1957). *Psicoterapia del grupo*. Buenos Aires: Paidós.

GROB, G. (1983/2013). El movimiento de la higiene mental. [Fuente: *Mental illness and American society, 1897-1940*. Princeton: Princeton University Press, (capítulo 6: "The mental hygiene movement", pp. 145-178)]. Trad.: M. L. Moukarzel, cát. I de Historia de la Psicología, Fac. Psico. UBA.

GUATTARI, F. (1972/1976). *Psicoanálisis y transversalidad. Crítica psicoanalítica de las instituciones* (trad. de F. H. Azcurra). Buenos Aires: Editorial Siglo XXI.

GUATTARI, F. Y ROLNIK, S. (2006). *Micropolítica. Cartografías del Deseo* (trad. F. Gómez). Madrid: Traficantes de sueños.

HORKHEIMER, M. (1968/2003). *Teoría crítica.* (Trad. de E. Albizu y C. Luis). Buenos Aires: Amorrortu.

HORKHEIMER, M. Y ADORNO, T. (1981/2007). *Dialéctica de la ilustración. Fragmentos filosóficos.* (Trad. de J. Chamorro Mielke). Madrid: Akal.

JAY, M. (1993/2003). *Campos de fuerza. Entre la historia intelectual y la crítica cultural* (trad. de A. Bixio). Buenos Aires: Paidós.

KAMINSKY, G. (1990a). *Dispositivos institucionales. Democracia y autoritarismo en los problemas institucionales*. Buenos Aires: Lugar.

— (1990b). *Spinoza: la política de las pasiones*. Buenos Aires: Gedisa.

KAUFMAN, A. (julio, 1997) Notas sobre desaparecidos. *Confines, 4,* 29-34.

— (2007). Los desaparecidos, lo indecidible y la crisis. Memoria y ethos en la Argentina del presente. En Franco, M. y Levín, F. (Comps.) *Historia reciente. Perspectivas y desafíos para un camino en construcción* (pp. 235-249). Buenos Aires: Paidós.

— (2012a). Sobre perdón y olvido (1988). En *La pregunta por lo acontecido. Ensayos de anamnesis en el presente argentino* (pp. 71-82). Lanús: La Cebra [publicación original en *Pensamiento de los Confines,* 5, Buenos Aires, segundo semestre de 1998].

— (2012b). Fútbol 78, vida cotidiana y dictadura (2008). En *La pregunta por lo acontecido. Ensayos de anamnesis en el presente argentino* (pp 371-283). Lanús: La Cebra [publicación original en *Oficios Terrestres, 22,* Facultad de Periodismo y Comunicación Social. UNLP, número especial].

— (2012c). La crítica de la violencia como inquietud por la responsabilidad (2011). En *La pregunta por lo acontecido. Ensayos de anamnesis en el presente argentino* (pp. 317-327). Lanús: La Cebra.

KESSELMAN, H. (1983). Aprendiendo a observar "en escenas". Grupoanálisis aplicado y operativo. En *Lo Grupal 3* (pp. 119-136). Buenos Aires: Búsqueda.

KESSELMAN, H. Y CAMPOS AVILLAR, J. (1988). Del psicoanálisis a la psicología social: El Grupo Análisis Operativo. En *Lo Grupal 6* (pp. 71-80). Buenos Aires: Búsqueda.

LANGER, M. (1971). Prólogo. En Langer, M. y Bauleo, A. (Comp.), *Cuestionamos 1. Documentos de crítica a la ubicación actual del psicoanálisis.* Buenos Aires: Granica.

LEFEBVRE, H. (1968/1980). *La vida cotidiana en el mundo moderno* (trad. de A. Escudero). Madrid: Alianza.

LOURAU, R. (1970). *El análisis institucional* (trad. N. Fiorito de Labrune). Buenos Aires: Amorrortu.

— (1993). Grupos e institución. En *Lo Grupal 10* (pp. 47-57). Buenos Aires: Búsqueda.

MASOTTA, O. (1982). Roberto Arlt, yo mismo, En *Sexo y traición en Roberto Arlt* (pp. 87-101). Buenos Aires: Centro Editor de América Latina.

— (1968/2010). La fenomenología de Sartre y un trabajo de Daniel Lagache. En *Conciencia y estructura* (pp. 52-70). Buenos Aires: Eterna Cadencia.

NANCY, J.-L. (1986/2001). *La comunidad desobrada* (trad. de P. Perera). Madrid: Arena.

PAVLOVSKY, E. (1971). La crisis del terapeuta. En M. Langer (Comp.) *Cuestionamos. Documentos de crítica a la ubicación actual del psicoanálisis* (pp. 237-249). Buenos Aires: Granica.

— (1982). *Proceso Creador. Terapia y existencia.* Buenos Aires: Búsqueda.

— (1983a). Prólogo. En *Lo Grupal 1* (pp. 6-9). Buenos Aires: Búsqueda.

— (1983b). Lo fantasmático social y lo imaginario grupal. En *Lo Grupal 1* (pp. 41-50). Buenos Aires: Búsqueda.

— (1985a). Prólogo. En *Lo Grupal 2* (pp. 8-12). Buenos Aires: Búsqueda.

— (1985b). La poesía en psicoterapia. En *Lo Grupal 2* (pp. 133-152). Buenos Aires: Búsqueda.

— (1986). Psicoterapia, psicodrama y contexto socio-político. En *Lo Grupal 3* (pp. 13-33). Buenos Aires: Búsqueda.

— (1987). Creatividad en los grupos terapéuticos. En *Lo Grupal 4* (pp. 127-134). Buenos Aires: Búsqueda.

— (1990). Samuel Beckett, hoy: Gilles Deleuze. En *Lo Grupal 8* (pp. 13-34). Buenos Aires: Búsqueda.

— (1993). Estética de la multiplicidad. En *Lo Grupal 10* (pp. 9-44). Buenos Aires: Búsqueda.

— (1999). *Micropolítica de la Resistencia.* Buenos Aires: Eudeba.

PAVLOVSKY, E., KESSELMAN, H. Y FRYDLEWSKY (1987). La obra abierta de Umberto Eco y la multiplicación dramática. En *Lo Grupal 5* (pp. 17-28). Buenos Aires: Búsqueda.

— (1977/1993). *Las escenas temidas del coordinador de grupos.* Buenos Aires: Búsqueda de Ayllu.

PAVLOVSKY, E. Y DE BRASI, J.C. (Comp.) (2000). *Lo Grupal Devenires Historias.* Buenos Aires: Galerna- Búsqueda de Ayllu.

PAVLOVSKY, E. Y KESSELMAN, H. (2000). *La multiplicación dramática.* Buenos Aires: Búsqueda de Ayllu Galerna.

PAVLOVSKY, E., DE BRASI, J.C., KESSELMAN, H., Y BAREMBLITT, G. (Orgs.) (1983-1993). *Lo Grupal* (Vols. 1-10). Buenos Aires: Búsqueda.

PERCIA, M. (1989). Introducción al pensamiento grupalista en la Argentina y algunos de sus problemas actuales. En *Lo Grupal 7* (pp. 65-95). Buenos Aires: Búsqueda.

— (1991a). Hablar y escuchar en situaciones de grupo (problemas del cálculo subjetivo). En *Lo Grupal 9* (pp. 85-93). Buenos Aires: Búsqueda.

— (1991b). *Notas para pensar lo grupal.* Buenos Aires: Lugar Editorial.

— (2002). *Una subjetividad que se inventa. Diálogo demora recepción.* Buenos Aires: Lugar Editorial.

— (2004). *Deliberar las psicosis.* Buenos Aires: Lugar Editorial.

— (2005). Instalación política de los grupos (decepciones de Bion). En *Revista de la AAPPG, 28,* 191-232. Recuperado de http://www.aappg.org/wp-content/uploads/2005-N%C2%BA1.pdf

— (2011). *Inconformidad. Arte Política Psicoanálisis.* Lanús: La Cebra.

— (2014). Lo grupal políticas de lo neutro, *La Biblioteca,* 14, 370-394.

PERCIA, M.; HERRERA, L. Y SZYNIAK, D. (1986). Clínica y política: un lugar para la ética en salud mental. En *Lo Grupal 3* (pp. 55-77). Buenos Aires: Búsqueda.

PERCIA, M Y HERRERA, L. (1987). Prólogo (Logos en pro de lo grupal). En *Lo Grupal 5* (pp. 9-16). Buenos Aires: Búsqueda.

PICHON-RIVIÈRE, E. (1971/1980a). *El proceso grupal. Del psicoanálisis a la psicología social I.* Buenos Aires: Nueva Visión.

— (1971/1980b). Técnica de los grupos operativos. En *El proceso grupal. Del psicoanálisis a la psicología social I* (107-120). Buenos Aires: Nueva Visión.

— (1971/1980c). Entrevista en Primera Plana. En *El proceso grupal. Del psicoanálisis a la psicología social I* (203-204). Buenos Aires: Nueva Visión.

— (1971/1980d). Estructura de una escuela destinada a la formación de psicólogos sociales. En *El proceso grupal. Del psicoanálisis a la psicología social I* (149-160). Buenos Aires: Nueva Visión.

PIGLIA, R. (1980). *Respiración artificial.* Barcelona: Anagrama, 2011.

POLITZER, G. (1928/1966). *Crítica de los fundamentos de la psicología: el psicoanálisis* (Trad. de E. Ramos, Supervisión Técnica de J. Bleger). Buenos Aires.: J. Álvarez.

PONTALIS (1968/1974) "Las técnicas de grupo: de la ideología a los fenómenos" y "El pequeño grupo como objeto". En *Después de Freud* (trad. de J. Bianco). Buenos Aires: Sudamericana.

ROMERO, R. (1996). *Grupo, Objeto y Teoría.* Buenos Aires: Lugar.

ROSE, N. (1990/2004). *Governing the soul.* Londres/Nueva York: Routledge. Fragmentos escogidos: "Introducción", cap. 1: "La psicología de guerra" y cap. 4: "Los grupos en la guerra". Trad: Luciano García (Cát. I de Historia de la Psicología. Fac. de Psicología, UBA). Recuperado de www.elseminario.com.ar

RUBINICH, L. (1985). Retrato de una generación ausente. *Punto de Vista, 23,* 44-46.

SAIDÓN, O. (1983). Propuestas para un análisis institucional de los grupos. En *Lo Grupal 1* (pp. 87-112). Buenos Aires: Búsqueda.

— (1987). Modernidad, inconciente y grupos. En *Lo Grupal 4* (pp. 119-125). Buenos Aires: Búsqueda.

— (1989). Hacia una clínica institucional. En *Lo Grupal 7* (pp. 33-47). Buenos Aires: Búsqueda.

— (1991). Instituciones, agentes y teorías en Salud Mental. En *Lo Grupal 9* (pp. 53-62). Buenos Aires: Búsqueda.

SARTRE, J.-P. (1960/2011). *Crítica de la razón dialéctica I* (Trad. de M. Lamana). Buenos Aires: Losada.

SMOLOVICH, R. (1985). Apuntes sobre multiplicación dramática. En *Lo Grupal 2* (pp. 73-91). Buenos Aires: Búsqueda.

SCHOLTEN, H. (2000) *Oscar Masotta y la fenomenología.* Buenos Aires: Atuel/Anáfora.

TALAK, A. M. (2004). La historicidad de los objetos de conocimiento en psicología. *XI Anuario de Investigaciones.* Facultad de Psicología, UBA, XI, 505-514.

— (2009). Historia y epistemología de la psicología: Razones de un encuentro necesario. En D. Letzen y P. Lodeyro (Eds.). *Epistemología e Historia de la Ciencia,* Vol. 15 (pp. 477-482). Córdoba: Universidad Nacional de Córdoba.

TERÁN, O. (1993/2013). *Nuestros años sesentas. La formación de la nueva izquierda intelectual argentina, 1956-1966.* Buenos Aires: Siglo XXI.

— (2008) *Historia de las ideas en la Argentina,* Buenos Aires: Siglo XXI.

ULLOA, F. (1977) Grupo de reflexión y ámbito institucional en los programas de promoción y prevención de la salud. *Clínica y análisis grupal. Revista de psicoterapia y psicología social aplicada,* 4, 62-79.

VEZZETTI, H. (1986) Derechos humanos y psicoanálisis, *Punto de Vista,* 28, 5-8.

— (1996a). Aventuras de Freud en el país de los argentinos. De José Ingenieros a Enrique Pichon-Rivière. Buenos Aires: Paidós.

— (1996b). Los estudios históricos de la psicología en la Argentina. *Cuadernos de Historia de la Psicología*, N°2. Buenos Aires.

— (1987 [1983]). Situación actual del psicoanálisis. En M. Langer (Comp.) *Cuestionamos 1971: Plataforma – Documento Ruptura con la APA* (pp. 215-226). Buenos Aires: Ediciones Búsqueda.

— (17 de julio de 1997). Enrique Pichon-Rivière: lecciones de un maestro. Clarín Cultura y Nación.

— (1998a) Enrique Pichon-Rivière y Gino Germani: el psicoanálisis y las ciencias sociales. *VI Anuario de Investigaciones,* Facultad de Psicología, UBA.

— (11 de junio de 1998b) Enrique Pichon-Rivière y la "operación Rosario". Página 12.

— (2002a) *Pasado y presente. Guerra, dictadura y sociedad en la Argentina.* Buenos Aires: Siglo XXI.

— (2002b) Enrique Pichon-Rivière, el vínculo y la Gestalt. *Anuario de Investigaciones,* Vol. 10, 443-449.

— (2004) Los comienzos de la psicología como disciplina universitaria y profesional. Debates, herencias y proyecciones sobre la sociedad. En Neiburg, F., Plotkin, M. (Eds.). *Intelectuales y expertos. La constitución del conocimiento social en la Argentina.* Quilmes: Paidós.

— (2007). Historias de la psicología: problemas, funciones, objetivos. *Revista de Historia de la Psicología*, 28 (1), 147-166. Recuperado de **www.elseminario.com**

VISACOVSKY, S. (2002). *El Lanús.* Buenos Aires: Alianza.

ZITO LEMA, V. (1976/1990). *Conversaciones con Enrique Pichon-Rivière sobre el arte y la locura.* Buenos Aires: Cinco.

SOBRE LA AUTORA

Gabriela Cardaci es licenciada en Psicología (Facultad de Psicología, UBA). Magister en Estudios Interdisciplinarios de la subjetividad (Facultad de Filosofía y Letras, UBA). Docente de la Facultad de Psicología de la Universidad de Buenos Aires. Cursa estudios de Doctorado (Facultad de Psicología, UBA). Integra el Proyecto UBAyT (2014-2016): "Circulación, recepción y transformación de saberes de la psicología, psiquiatría y psicoanálisis en la Argentina (1900-1993)".

gabriela.cardaci@gmail.com